马云的说话之道

张笑恒◎编著

浙江人民出版社

图书在版编目（CIP）数据

马云的说话之道 / 张笑恒编著. —杭州 : 浙江人民出版社, 2018.11（2020.1重印）

ISBN 978-7-213-08997-8

Ⅰ.①马… Ⅱ.①张… Ⅲ.①马云—语言艺术—通俗读物 Ⅳ.①H019-49

中国版本图书馆CIP数据核字（2018）第255938号

马云的说话之道
Mayun de Shuohua zhi Dao

张笑恒　编著

出版发行	浙江人民出版社（杭州市体育场路347号　邮编　310006）
责任编辑	徐　婷
责任校对	杨　帆
封面设计	刘红刚
印　　刷	嘉业印刷（天津）有限公司
开　　本	700毫米×990毫米　1/16
印　　张	17
字　　数	221千字
版　　次	2018年11月第1版
印　　次	2020年1月第4次印刷
书　　号	ISBN 978-7-213-08997-8
定　　价	45.00

如发现印装质量问题，影响阅读，请与市场部联系调换。

质量投诉电话：010-82069336

目录 | Contents

第二章 有力量的语言，在于简洁精辟

第三章 直言不讳，有时候更有效

第四章 用他的真心，换你的真心

前　言

曾经有人这样评价马云：“拿破仑一样的身材，外星人一样的脸庞，微笑时还会露出孩童般的虎牙，如同一个‘老顽童’的模样。”但是，就在这副并不是“帅哥”模样的躯体里，马云却有着一般人所难以想象的智慧、激情和口才。

孙正义说：“阿里巴巴是非常伟大的公司，我遇到马云的时候，我就对他说，你会成为一个英雄。你的名字所能达到的高度，将会与杨致远、比尔·盖茨他们一样。”而马云说：“当然，我想尽管10年以前我们这儿没有几个人，但是我们的理想没有变，这几年来任何困难都没有改变过我们的理想，我相信这二三十年也不会改变我们的理想。首先我们希望对人类、对社会有所贡献。”马云最让人敬佩的不是他的财富，而是他时刻洋溢着的激情，他善于抓住机遇，敢于攀登那人迹罕至的顶峰。当然，马云充满智慧和哲理的演讲更让我们折服。

相比较马化腾，马云身上有更多的傲骨和疯狂，他说：“如果大家想成功，必须疯狂一点，你必须有很大的梦想，要有精神，并且要有很好的战略。”也正因如此，孙正义对马云说：“我第一次看见你的时候你一无所有，没有钱，没有利润。而中国的互联网行业也是刚刚起步，你和今天一样瘦，我可能重了一点，但是你的眼睛闪闪发光，我觉得你和杨致远一样疯狂，所以只用了6分钟我就决定在你的公司投资了。"一个狂人，6分钟就赢得了数以亿计的风险投资，这需要怎样的智慧和口才？

马云古灵精怪、不按常理出牌的诡异经营模式，圈内圈外人无不敬慕，且为之胆寒。马云思维敏捷，能说会道，谈起事情来口若悬河，成为其最具标志的形象之一。尤其是他在各种场合充满激情与智慧的演说，不仅被人称赞，其中许多的经典语句还成为许多青年创业者的希望与动力。

甲骨文公司大中华区产品战略部高级总监刘松曾说过："马云兼有商人的狡猾、政客的辩才和宗教领袖的启发性，远观是看不透的，大概只有最亲近者才了解他的内心。"

从马云的精彩演讲中，我们不仅能看到其随性、犀利的处世态度，还能看到其自信、风趣的沟通技巧。他的言语中暗藏的那份"独到"为其打破了困局，而其语言中处处散发的激情更成为每个阿里人心中熊熊燃烧的火种。针对不同场合，马云在话语中时而透露的那份委婉又为其增添了亲和力。可以说，无论何时，马云总能靠着精湛的口才让自己的观点深入人心。

其实，如何说话、说些什么话才能将本意直传入对方心里，往往需要借助口才。一两句触动人心的话就可能扭转一个人的一生。

马云的精湛口才之所以盛名在外，就是因为他语言中所透露的智慧已经成为其综合魅力的重要组成部分。他在平日演讲中所展现出来的高超的口才艺术和说话技巧，正是他打开成功之门的那把重要的钥匙。

有人曾经说过，听马云说话是一种享受，因为他说话大有语不惊人死不休的感觉。因马云在演讲中时常展现那种"与众不同"，更多的人送给他"疯子""狂人"的称号。但是，马云之所以敢说，正是因为他敢做。阿里巴巴与淘宝网的成功，就证明了马云是真的有料。

说话人人都会，但是如何将话说好，就要掌握一定的说话与艺术技巧了。本书精心收集和整理了近年来马云在不同场合的精彩演讲，并且就其随性、独特、犀利、精辟、风趣等不同风格对其思想进行了深入剖析，读者可以从中学到马云的演讲魅力与沟通技巧，从而结合自身打造出属于自己的口才魅力。

Mr. Ma's
WAY OF SPEAKING

第一章

会说话，就是不造作、不迎合、不放纵

1. 用一颗平常心去说平常事

长期以来，马云给外界印象最深的是"疯子""狂人"。但是，即便是在互联网、数码横行的当今，他却依然能够保持一颗平常心，站在互联网一方霸主的位置，他似乎更懂得如何从容地看待生活中的许多事情。

马云说："我一直认为，不管做任何事都不能有功利心。我没有什么功利心，我只是想证明，我们这代人通过努力是可以做一件伟大的事情的。说归说，做还得脚踏实地，最后证明你不是'狂人'。七八年前大家觉得你狂，做出来就不会有人说了，我不过比别人早做了 3 年而已。阿里巴巴融资是为做一番事业，要找风险投资的时候，必须跟风险投资共担风险，这样你获得投资的可能性才会更大。"

2010 年，第七届网商大会召开，这次网商大会专设了一场以"非常女人志"为主题的女性论坛。作为一名成功的创业家，马云给在座的女性朋友们提出了几点建议。

"首先，无论是男人还是女人，永远不要抱怨，因为抱怨只
会让你越来越烦躁。我们到这世界是为了做人而做事，不是为了
做事而做人。"马云说，"当你遇到事情时，你别抱怨，你只需

拿出行动来，拿出方案来！

　　"其次，要有一颗平常心，时刻充满感恩之心，做简单的人，所有成功者都是简单的人，不要将事情复杂化。"除了欣赏男人、用好男人、不抱怨、有平常心、感恩之外，马云认为，女人还有一条男人所不具备的长项，那就是以柔克刚的柔，是柔情。"女性某种程度上没必要展示自己很强大，但是她内心是要很强大的。"

　　"和男人一样，女人创业也要知道自己有什么，自己想要什么，自己要抛弃什么。"

似乎不论站在何种高度，马云始终都能保持一份平和的心境。尤其是当他讲述创业初期的艰难时，在媒体与公众面前，他始终都能态度沉稳、温文平和，那些艰辛似乎经过岁月的磨砺而变得深沉，演化成让马云迈向成功的一块块基石。

　　马云淡定悠然的态度，使得他能够在奔向成功的路途中披荆斩棘一步一步摸索地走到现在，当他站在胜利的顶峰时，依然保持着语言上的质朴与自然，这份随性，这份真诚，也为他赢得了许多人的尊重与掌声。公众的掌声所包含的不仅是对马云成就的肯定，更多的是为其话语中的那份真实所打动。

　　每个人一生中都要面对很多事情，许多人喜好感叹生活的不如意、不顺心。的确，工作中的困扰、家庭的琐碎之事、朋友间的矛盾等，如何去面对、去解决，对任何人来说都是一件头疼的事情。只有对任何事都保持一颗平常心，不带任何私心和奢求，问题才会迎刃而解，矛盾和心结才会解开。

　　下面是一段马云在员工大会上的演讲：

"我觉得阿里巴巴能够有今天，是因为在几年以前我们公司就提出一个口号，而且我说得非常强硬：你别抱怨，如果你抱怨，拿出行动来、拿出方案来。因为谁都会抱怨，所以我们不需要抱怨。而所有成功的女性和男性都一样，都有平常心，都充满着感恩之情。我越来越感受到阿里有今天是因为我们的人有感恩之心，我觉得自己是充满感恩的。

　　"我昨天晚上也说了，我这一辈子是几世修来的福气才能和这么多人一起共事，很荣幸生在这个时代。人每个阶段都有对生活的认识、对人生的认识，所以我特别欣赏那些不抱怨的人，欣赏那些有感恩之心的人，欣赏平常心。不管事情做得多伟大都不全是自己的功劳，我坚信这一点。"

　　用一颗平常心去树立自己正确的人生观，那么即便前面的路再崎岖也能让我们充满希望。就像马云，任何时候他都能平静地站在公众面前讲述自己的经历，将充满感恩与希望的一颗心呈现在大家眼前，并且用平和的语气告诉大家，主宰人的感觉的并非欢乐与痛苦本身，而是心情。

2. 不按套路出牌，精彩不断

马云是阿里巴巴集团创始人兼首席运营官，但是从一个英语教师摇身一变成为商场弄潮儿，再到推动阿里巴巴在纽约证券交易所上市，这一路走来，马云都是一个不按常理出牌的人。比如，通常上市公司都会表示要以股东利益为重，而马云却表示，阿里巴巴上市后，对他来说最重要的排位为"客户第一，员工第二，股东第三"。

在公众演讲中，马云有时候更是连草稿都不打，直接进场随机应变。马云曾经谈到如何演讲："演讲最忌讳的就是套路，像演出一样演一场，其实，只要你讲了自己的感受，别人就愿意听。"

2008 年年末，马云在江南会（由马云发起投资建造的高级会所）的一次内部讲座上就曾开玩笑说，他有一种跟风水先生大不一样的风水观，"在我看来，风是看天，看整个大局；水是看你的员工，看你的客户"。他认为，做企业要经常看风水、观大局、测水温，要主动拥抱变化，及时调整。

在 2007 年阿里巴巴 B2B 香港上市之后不久，马云就观察到世界经济的"风水"要变了。因此，2008 年 7 月，他在飞行途中给员工们写了一封公开信，呼吁大家，"我们准备过冬吧"。

马云判断，全球经济将会出现较大的问题，未来几年可能进入一个较为困难的萧条时期。但他同时指出，危机之中也有机遇："这次危机将会使单一依靠美元经济的世界经济发生重大变化，世界经济将会更加开放、更加多元化，由电子商务推动的互联网经济将会在这次变革中发挥惊人的作用。"

因此，在鼓励员工充满信心和勇气准备过冬的同时，马云呼吁阿里人抓住这次机遇，以乐观的心态拥抱变化，回归基点，坚持使命，积极参与变革。这封信的题目便是《冬天里的使命》。

在接下来的几个月里，经济局势真被马云说中了，人们越来越真切地感受到寒流来袭时的焦虑与冰冷。当人们纷纷陷入对具体经济数据的关注以及如何精简业务、裁员节流的探讨中去时，马云却对经济危机的本质有了更进一步的洞察。

马云的演讲能打动人，就在于他能坦诚地将自己的思想观点与根据失败总结的经验分享给听众，并且这些经验都是有事实可依的。很多时候，他的演讲并没有遵循一定的逻辑顺序，而是心中想到哪儿，就讲到哪儿，这样的穿插演讲很受听众喜爱。

没有死规矩，马云在演讲中的自由发挥使得他的话更能吸引人。而马云在讲述自己为公司择人的标准时，话语中更是透露着淡然与随性。

"我选择核心团队的方式，其实就像我选择员工、员工选择我一样。我选择什么样的员工？我选择平凡的人。什么是平凡的人？就是没把自己当精英的人。我不喜欢那些精英，精英眼睛都长在这儿。我不喜欢那些把自己看得很聪明的人，我觉得一般说自己智商高的人情商都低。因为这个世界上没有一个人可以只靠自己就成事，你离得开谁？边上很多人在帮你。

"所以我要找的员工是平凡的人。什么是平凡的人？有平凡的梦想。什么是梦想？不是要改变全人类。个人的梦想那就是我要买房、买车，我要娶老婆，我要生孩子。这是人最基本的梦想，因为这些梦想真实，是为自己所干，有这样梦想的员工我喜欢。

　　"所以我团队的 18 个人，基本上我没有发现一个——包括我在内——是特别出息、特别能干的，我们都是平凡的人。平凡的人在一起做一件不平凡的事。什么是伟大的事？无数人平凡、重复、单调、枯燥地做同一件事情，就会做成伟大的事情，我们 18 个人就这样。

　　"我是怎样培养他们的？换句话说是互相的，他们培养了我，跟他们共事我觉得毕生荣幸。很多人在公司里经常说'我缺资源，假如我有这样的人，假如我有这样的设备，假如我有这样的机会，我就会了不起'。什么事情加入'假如'两个字就等于没说，公司里最大的资源就是信任，你跟你的团队是不是互相信任？他们帮助了我很多，我怎么留住他们？我从来没留过他们。阿里巴巴 10 年以来先后有 22 000 名员工加入了，离开的也有 10 000 名左右了，我从没留过任何人。"

　　这就是马云的随性之处，即便是在管理员工的时候，他依旧保持着与众不同的态度，正是这种平民化的态度让他更受欢迎。

　　形成自己独特的演讲气质，保持自己的个性，以自己独有的方式去演讲，那么，哪怕你说错了，也依旧能够博得大家的欢心。因为这样的个性演讲，是真实的演讲，大家更乐意看到。这就是你的独特性，能吸引大家的好奇心。

3. 本色"出演"

在传统的思维中，作为一个估值四千亿美元市值的企业的创始人，马云也许有太多的不成熟。然而，透过他的张扬与无忌，很多时候你能看到一个本色的、没有完全被商业同化的马云。

有人曾经说过，马云的张扬，如果用另一种思维来诠释的话，其实就是他"本色"出演。无论任何时候，马云在公众间的演讲都能给大家带来真实的感受，也正是这份"真实"，让大家看到了除去商业利益之后的那个本色的马云，因而他的每次演讲都能大受欢迎。

追求本色，是追求做人的真善美。前文提到的马云那番本色随意的演讲，不仅包含了丰富的人生哲理，打动了在场的所有员工，也具有深刻的教育意义。"本色"出演让大家看到了一个真性情的马云。

在如今快节奏的大都市中，真性情的人不少，但是真正能卸下伪装的却寥寥无几。如今的马云名利双收，但是却依旧能够在大众面前做一个最为真实的自己，着实让人佩服无比。

这是在一期《新财富》的访谈中，马云随性演讲的一些内容：

"最近老在做梦，梦见自己在爬山、爬梯子，要往上走，但是总发现脚下的石头并不是每一块都很坚实，又下不去，只能往上爬。"

马云承认，整合跨国公司不是容易的事："难的事挺多，比想象的复杂，以前的 3721 与雅虎中国并没有整合。"

"现在，我做得最多的事就是倾听。"马云一方面让自己了解雅虎，另一方面让雅虎员工了解自己。在并购案中，马云认为最出乎意料顺利的，是员工迅速适应了变化，"本以为几个月才能达到的效果，一个月就达到了"。尚在收购谈判时，马云已计划组织一次"认亲"活动，让雅虎中国的员工认识阿里巴巴文化。"阿里巴巴的文化和雅虎美国公司很像，雅虎中国的文化则和 3721 很像。"马云评论说。9 月 22 日，600 多名雅虎中国员工从北京坐火车到杭州，参加阿里巴巴一年一度的全体员工大会。

事后有报道说，在这场令人瞩目的大会上，马云称明年年底必须在即时通信市场超越 MSN。对此马云笑称是误传："我们怎么可能灭了 MSN，灭易趣都那么难！"当时，身着印有阿里巴巴和雅虎共同标志 T 恤的马云，上台说了一句豪言壮语："2009 年，阿里巴巴要成为中国第一家打进世界 500 强的民营企业！"

大多数受欢迎的人，都在与他人交谈的时候表现得非常随和，这样不仅会让人感到很亲切，而且也会让人因为这种随和而被打动，进而赢得他人的信赖。马云的"本色"出演体现了其直话直说的特点，这是马云的性格，亦是他说话的特点。

说实话是一种本色，也是拉近人与人之间距离的最好方式。保留一份真性情，将自己的真实面貌展露出来，有时候也是演讲的成功之道。

4. 从武术中追寻成功的途径

从小就喜欢武侠小说的马云，在生活中最喜欢的便是"太极拳"。在马云的眼中，太极拳中的"虚实""动静"，都是阿里巴巴需要学习的"节奏与劲道"。跟员工们讲"太极"时，马云总是喜好将一些幽默型真理暗藏其中，让大家忍俊不禁。

平常在公司里，马云不仅鼓动高管们像他一样尝试"禁语""静坐"，学习太极拳，而且还劝导他们用"太极图"来看世界。这样的马云在大家眼中不是那个在商场上叱咤风云的王者，更像是个乐观的顽皮小伙。

2009年，马云在不丹开会时，给现场的人们讲了一个他自己改编的杨露禅学艺的故事。其中，马云所讲的杨露禅学太极的那一段最值得细细琢磨：太极宗师陈长兴同意收杨露禅为徒，第1年，让杨露禅忘掉之前所学的一切招式；第2年，叫他体验生活中的一切细节；第3年，学习哲学思想，开始懂得太极阴阳之道。我们从马云的故事中可以看到，其实马云早就想超越过去，并且从太极中寻找开启阿里巴巴的新能量。

阿里巴巴集团副总裁王帅曾经说过，马云在自己的车里老搁着一本《道德经》和一本《庄子》，除此之外，还有西方哲学书。

马云还曾告诉王帅："人行走得太累，没有时间停下来看自己，然而要继续往前走，就必须停下来看自己。"

2009年5月，马云一身古装武侠打扮，步履轻盈地走上"淘宝大会"的演讲台，短短几句致辞后，便即兴为大家打起了太极拳。练过太极拳的人都知道，想练好太极拳得遵循一个原则，那就是根基要稳。其实马云一直都在用太极的这套"稳"架子来引导阿里巴巴的发展。

马云曾经说过，"中国成功的企业都有一个从少林小子到太极宗师的过程。少林小子都会打几下，太极宗师有章有法、有阴有阳，中国企业要从第一天就有练太极的想法才行"。

马云在《赢在中国》第二赛季晋级篇第一场做评委的时候，曾经说过这样一段话：

"做生意不能靠意气、感情，我问你为什么选择电动车，你说因为这个行业受打压，做企业不是做侠客。

"反正《赢在中国》是一个游戏，有人玩3次，有人玩5次，玩到最后，赢了《赢在中国》你未必赢，输了未必输。我参加的所有比赛没有一次赢，但是我现在还在努力，这是我给大家的建议。

"让别人说你的理念好，千万别自己说自己的理念多好，那就会没完没了地吵架，吵得过你的人认同，吵不过的就会有看法。"

马云不仅给了选手一个良好的建议，鼓励选手们继续努力，并且再一次诠释了侠客精神与企业文化之间的关系，给了选手们一个更好的职业成长方向。

马云曾经说过，"阿里巴巴能有今天，就在于我们持之以恒地把梦想做了 10 年。创业的时候我们在谈理想，最困难的时候在谈理想，现在，我们还是在谈理想""赚钱不是我们的目的，只是最后的结果，阿里巴巴会是全世界最赚钱的公司"。

在众多武侠小说中，马云最喜欢的一个人物便是《笑傲江湖》中的风清扬，就是他传授给令狐冲"独孤九剑"的。生活中的马云将"独孤九剑"进化到"六脉神剑"的精神实质："阿里巴巴现在讲求的已不再是'速度'和'攻守'，而是'目的'和'价值'；阿里巴巴从探求'如何'正确地做事，到现在已经明白了自己应该做'正确的事'，以及为什么要做正确的事；40 岁之前凭借'重剑无锋'横行天下的马云，在 40 岁之后，要从'一阳指'开始修炼。"

这就是马云"玩"出来的生活道理，"玩"出来的管理真谛。也许正是马云本身所隐藏的顽皮因子，才让马云能够突破常规定律，用自己的一套"武侠思想"打造出如今的成就。

5. 应景而生，会讲得很动听

在现实生活中，与人对话的时候如果能配合当时的场景将自己要表达的语言娓娓道来，那么不仅会让说出的话更加动听，而且更能打动对方的心。因为很多时候，语言的魅力往往来自真诚，如果我们说出的话能应景而生，那么一定会很吸引人。

马云在演讲时最吸引人的地方，往往就是能针对不同的提问者，根据当时的情况将内容表达得十分完善。因为应景而生的话最能吸引听者的注意，而且其新颖感人的语调往往能打动人心。

2005 年 7 月，初出茅庐的淘宝网名头还不响亮，而那时候的阿里巴巴B2B 平台也还是个走在奋斗路上的"小青年"。面对记者的争相采访，马云在一次问答中曾将阿里巴巴比作家庭的顶梁柱，将阿里巴巴旗下的几个新型开拓性产业一一定位为家庭中的老二、老三。马云的这番比喻不仅将旗下的产业链形容得十分贴切，还充满了趣味。另外，马云将阿里巴巴比作一个大家族，其实也从侧面表述了自己旗下的员工都生长在同一个大家庭里，是要相互扶持、努力前进的。这番话也正是马云看到台下的员工后，所发出的一段感悟。

应景而生的话是朴实无华的，但是也最能打动人心。因为语言真诚，真诚往往能促进心与心的沟通，即便是短短几句话，也能够引起听众的强烈共鸣。

很多时候，说话的魅力不全在于说话者能准确、流畅地表达自己的思想，还在于其所表达的思想、信息能为听众所接受并产生共鸣。也就是说，要把话说好，关键就在于说的话能拨动听者的心弦。

应景而生，是一种巧妙的表达方式，主要目的是抓住听众的心，将话说得真实、感人。根据周围的情景，加入自己的观点，如果再能列举一点事例，那么感性的成分一多，听起来就会十分舒畅。

6. 使用柔和的语言基调，对方会更开心

俗话说得好："一句话能把人说笑，也能把人说跳。"柔和的谈吐通常表现为语气亲切、语调柔和、语言含蓄、措辞委婉。这样的说话方式不仅体现了演讲者对听众的尊重，而且也有较强的亲和力与说服力。

日常生活中，柔和的语言基调还是打通人际关系的利器。和气待人、和颜悦色不仅能让对方感到亲切，还会使对方开心。很多演讲者演讲时都会保持平稳的语速与柔和的语言基调，以博得大家的喜欢。

2011年，在斯坦福大学的演讲中，马云曾表示，等忙完手上的事情（VIE风波、淘宝分拆等）后，自己将花一年时间留在美国，好好思考和放松。但是没过多长时间，马云和张勇以及阿里集团秘书长邵晓锋等高管团队，再次就淘宝商城新规引发的争议进行说明。

在发布会上，马云坦言，打假是淘宝商城推出新规则的首要目的。"这次推出新规则，主要是因为淘宝商城长期以来受假货困扰，几个部委联合打假，要求提升网上诚信，而电子商务规模越来越大，如果我们不对假货、水货采取措施，中国电子商务就走不远。"此外，中国电子商务升级的需要和美国与欧洲对中国中小企业的影响也促成了新规则的推出。马云表示，中国电子商务正面临产业升级，"我认为3年到5年之内，中国经济会面临挑战，

受到挑战最大的是中国民营企业和中小企业"。

记者发现，在上台前，马云频频看手掌心，因为那里写着四五个"忍"字。马云笑称，这是为了"督促自己不要发脾气"。

马云称，今年以来一直不太顺利，让他痛苦的事情出现了3次，包括淘宝被电视台批"假货多"、支付宝事件以及这次的淘宝商城新规风波，"希望这是最后一次"。

尽管当时的马云正为淘宝的事情忙得焦头烂额，但是站在发布会的现场，他并没有将这焦急与烦躁的心情显露出来，反而十分平和，坦言自己打算如何去解决这次"淘宝风波"。这种柔和的语言基调让马云的话变得更加委婉，而且表现得情真意切，更能为人所接受。

生活中，运用柔和的语言与人交谈，会很快化去彼此之间的陌生与尴尬，往往更易被人接受。因为这样不仅可以看出说话人随和的性格，还能让对方觉得你很容易相处，你自然也就更受欢迎。

说话时的态度好坏是决定谈话成功与否的重要因素，因为谈话双方在谈话时都会相互观察对方的表情、动作，所以谈话中一定要给对方认真、诚恳的印象。使用谦让的表达方式不仅能表达对对方的尊重和宽容，而且其本身就是一种感化，即便此时对方气在心头，只要你语言婉转，能够和气说话，那么同样也能赢得对方的尊重和理解。

在人际交往中，哪些话该说、哪些话不该说、话应怎样去说才更能达到人际交往的目的，这是交谈礼仪应注意的问题。一般来说，柔和的语言基调往往更能打动人心，所以，在今后的日常交谈中，我们一定要学会让语言变得柔和起来。

7. 说话豁达洒脱，会让你更具亲和力

对外交往中，言语必须与自己的身份相符合，如果能表现得更随性洒脱一点，则能产生极好的效果。因为一个语言洒脱的人通常也会有豁达的胸襟，他所说的话常常会平添气势非凡的感觉。

说话洒脱随性的人，往往很有亲和力。亲和力是指人与人相处时，使人亲近、愿意接触的能力。一个人的亲和力往往取决于他的性格，一个心胸宽广的人，他定然是外向活泼的，所说的话也会让人备感亲切。

2011年8月，阿里巴巴董事局主席兼CEO马云在从国外飞回北京的飞机上，花了两个小时写了一个给入职不到3年的员工的长帖，在帖子中他再一次谈了自己的看法：

"刚才上飞机前看了有个同事如诗般的帖子，倡导大家在内网中点燃民主自由之火种，说社会黑暗什么的。

"兄弟，别！这不是我们建立内网的初衷。我们欣赏民主的气氛，追求建立自由开放的环境，但我们不该在这里讨论民主，更不要点燃啥民主自由的火种！民主自由不是火，她是水！民主自由不是表达，而是倾听！民主自由不是发泄，她是理性的完善！

最大的自由束缚不是来自外部环境，而是来自内心世界。历史证明，一味追求彻底的开放民主自由，其实和所谓的黑暗专制封闭带来的灾难是一样的。"

　　…………

　　"阿里的同学们，我们是一家公司，我们有自己的使命，我们有自己的职责，我们应该用自己的努力，把互联网变成影响千家万户幸福生活的电子商务。当然，同学们，你们会有也可以有不同的观点，但这是我们第一天建立这个公司的初衷，我们不会变，我们只希望务实地以我们的手法创造社会的价值。我们在完善好自己的工作以后，积极讨论并参与人类大事，呵呵。

　　"世界因为不同而精彩。阿里的定位就是阿里自己对自己的看法、理解和行动，我们不完善，也不可能永远是正确的，但这是我们自己要的，是我们成立这个公司时的想法和原则。你可以有不同的观点和意见，我们一定会认真倾听，但不一定会按你说的做，也不一定会给你好脸色，哈哈，因为我们也是人，我们也会生气，这和民主自由没有太大关系，不是吗？当善意不被理解和尊重时，我们会发脾气、会懊恼，你也会，不是吗？！但相信我们骂过'靠'后会冷静下来。反正我经常是那样的。

　　"很多人不同意我的看法，其实无所谓，因为我们从来就不是追求更多的观点支持者，而是花时间去证明和完善我们的观点。这是我理解的民主和自由，民主和自由就是可以有表达并且坚持自己理想的权利。"

从一个人所说的话中，我们往往能看出他拥有什么样的品质与性格。在上面马云写给员工的帖子中，马云用豁达的心情去看待事情的发展，尤其是谈及自己的员工时，他总是用如"阿里的同学们"这样的称呼娓娓道来，为其添加了一层平易近人的姿态。

松下幸之助曾经说过："一位领导人必须具备一种吸引人的魅力，如果能让部下觉得'我们愿意为这个人效劳'，必定会有许多优秀的人愿意为他效命。而一旦失去这种吸引人的魅力，他就不能算是一个好的领导者了。"马云的这个帖子，无疑又俘获了员工的心。

我们来看看马云的另外一番话：

"有人问过我，马云，你已经有了460万会员，你还想要多少会员？每天我考虑的不是增加更多的会员，而是让更多的网商赚到更多的钱。我们的客户今天在阿里巴巴交了钱，明天他们愿意付更多的钱，那么说明他们赚到了钱。其实创业很简单，就像在黑暗中走路，顺着亮光走总能走出来。企业到了10年以后再去讲战略战术。我研究过许多失败的企业，我不喜欢看成功经验，喜欢总结失败教训。许多人说，是马云的领导使阿里巴巴活下来，这是不对的，我没那么聪明。

"我现在觉得天下没有CEO的学校。CEO最好的学校是各种论坛，我觉得我是中国现在参加论坛最多的CEO。我经常在各种MBA论坛上反对MBA。我觉得有意思，他们会反对我，然后给了我一个反击的思考。"

作为一名公司领导就要修炼这种魅力，让你的成员热爱你、佩服你、支持你，让他们觉得和你共事不但是一种缘分，还是一种激励。马云说话中所透露的豁达与洒脱，证明了他的思想深度，让人自然而然对其敬佩和喜爱。

其实，在人与人的交往中，大家都喜欢和热情友善、豁达洒脱的人打交道。那么我们是不是也应该向马云学习一下，用宽广的胸襟和亲切的言语来俘获他人的心呢？

8. 情深言切，瞬间触动人心

富含真情实意的交流往往让人感觉珍贵，因为这种交流首先是从"心"开始的。一个人愿意以真心换真心，和对方真诚地互通有无，是最为理想化的交流。而且在这种交流中，我们不用去刻意提防，这样的谈话会使人感觉十分舒心。

我们每个人都需要关怀，很多时候正是我们在生活中疏忽了对真情的付出，我们想与他人搭建畅通无阻的友谊桥梁才会受阻。假如我们能够怀揣一颗真心，在与对方谈话时采用真诚恳切的说话方式，那么必然能触动人心。

2011 年，"八周岁"的淘宝召开媒体沟通会，当现场的记者们谈及最近民众争论得比较热烈的网购假货时，马云表示："今天的互联网是最好的时候，好在它是透明、开放、可监督的。网购是解决中国假货问题的最好良药，因为每一笔交易都由淘宝记录在后台，工商、公安部门只需根据线索顺藤摸瓜就能最终打掉线下的制假窝点，让假货无处逃遁。"

马云同时称，中国电子商务的诚信体系已经初步建立，"相信90%以上的淘宝卖家是诚信的,不能因假货把网购或淘宝一棍子打死"。

在现场的演讲中,马云说:"我们不是做错什么,我们是要做得更好。97%的消费者是满意的,凭什么3%的人不满意你就说这是最大问题?"马云指出,"我们不是一个赚钱的公司,而是希望对这个社会、对这个国家有些帮助。转型升级是一定要付出代价的,人均收入从GDP3000美元到4000美元,一定有个过程,在这个过程中我们必须付出代价。今天我自己认为,电子商务、网络经济可能是解决这个问题的最好方法,网络经济、网购的崛起,我个人觉得是解决造假问题的最好手段。让网购这个苗再长一点,它可能就能解决这些我们永远治不了的问题"。

马云表示,淘宝愿意也正在承受中国转型之痛,"淘宝作为中国最大的网上交易平台,有责任推动中国当下市场秩序从不规范到行业自律的转型。淘宝不会放弃努力,更不会因为别人的批评就停下来"。

面对公众与媒体的质疑,马云并没有奋起反驳,而是用与大家悉心沟通交流的方式说出了淘宝的无奈。确实,作为中国最大的网上交易平台,淘宝有不可推卸的对平台进行监督的责任,但是因为淘宝没有执法、处罚权,所以不能监管一些假冒的黑色产业链。马云侃侃而谈,情真意切,表明了自己对淘宝各商家的关心,同时也表明了自己的立场。

中国历史上有"顽石点头"的故事,那便是对于诚心的感动。由此可见,用一颗真诚的心来对待他人,他人就一定会为你所感动,而且你出自真心的交流也会赢得对方的好感,获得对方的信任。下面便是一场马云的个人专访,让我们来看看在这一问一答中，马云的话中所饱含的真诚。

问："你是怎么培养年轻人并使之成为未来的领导者的？"

马云："好的年轻人是被发现，然后被训练的。首先你要发现他有敢于承担责任的素质，他一定要有担当。你不可能找到一个完美的人。你找到的是一个有毛病的人，因为有毛病，所以才需要你帮他嘛。

"第一我不找一个完美的人，不找一个道德标准很高的人，我找的是一个有承担力的、有独特想法的人。有独特想法的人未必有执行力，有执行力的人未必有独特想法，所以你要 pick a team。没有一个人是完美的，想法很好，执行能力又很强，这样的不太会有的。所以我经常说，三流的点子、一流的执行，一流的点子……你先把它干出来再说。这两个技能很少配在一起。你要想找一个这样的人，可能你要等10年。所以我要找各种各样的人，这人有想法，这人有执行力，并把这些人聚在一起。你不是找一个接班人，你是找一个团队，找一群人，没有人是完美的，组织和人的结合，才是 perfect 的。

"你说我怎么培养人？发现人，训练人，给他们机会。……颠覆性的行业，新人做新事。非颠覆性的行业，新人做老事，老人做新事。"

一个具有真情实意的人，讲话时往往不会去兜圈子忽悠人，无论是对人还是对事，他们必定会真诚相待。马云在谈到自己如何培养年轻人时，也是真心地表达了自己是如何培养他们成长为未来的担当者的。马云的这番话，既给了年轻人鼓励，又表明了自己对当今年轻人所抱有的肯定态度与希望。

　　生活中，言谈之中能让人感到真诚的人往往最受人欢迎，因为诚心诚意的交往才能让沟通的气氛变得更加和谐与自然。如果我们在与他人谈话时也能这样，那么你定然会成为最受欢迎的人。

第二章

有力量的语言，在于简洁精辟

1. 言辞简洁但掷地有声

生活中，许多人之所以在沟通上花费过多的时间，是因为害怕对方听不懂、会误解，因此在与对方攀谈时总是不停地重复自己的话语，却不知这种重复只会使沟通过于复杂。

事实上，说话和做事一样，言语过于冗长累赘，不仅使人听着茫然，更会让人厌烦。相反，那些说话果决、精练的人往往有一种特殊的气质，更易受到欢迎。正如马云在做一些节目访谈时，所说的话虽然简洁，但掷地有声。

在解释创业的概念时，马云说："有些人问我'我今天做这个生意好不好，明天有个机会做那个事情好不好'。其实创业最大的也是最核心的问题就是你必须坚持不懈。如果你每天都在坚持不懈地做一件事情，那么，我相信终有一天这个世界会围着你转，如果你每天都在做不同的事情，你每天就围着这个世界转。这就是创业的核心精髓。"

"花时间去学习别人失败的经验，这个没什么好评论的。我认为，等你什么时候能看别人惨败的经验，看得一身冷汗，你就离成功不远了。"

马云还建议一位参赛选手："大胆地把自己的想法说出来，商场没有秘密，更不要依靠那些所谓的秘密。秘密不是你的核心竞争力，有时候把秘密说出来，心情会愉快，藏一个秘密很累，像我藏一个秘密就会累死。"

在公共场合演讲，如果能用滔滔不绝的精彩发言抓住每位听众的心，那自然令人钦佩，但是如果能将自己想要说的话用简练的语言表达出来，才能更有说服力。

2. 妙用比喻效果好

比喻是把两个类似的事情放在一起，由它们的共同点入手，先说那个浅显的例子，然后推到自己的论题。我们在向别人说明某个问题时，一个生动、形象的比喻，甚至可能胜过千言万语。

马云在谈到管理者的作用时，也使用了比喻的方法，他说："如何使每一个人的才华真正地发挥作用？你有1个聪明人很带劲，但你有50个聪明人实际上是最痛苦的，谁都不服谁。我在公司里的作用就像水泥，把许多优秀的人才黏合起来，使他们的力气往一个地方使。"

马云在阐述企业必须用对人的道理时，说到阿里巴巴在发展过程中也曾聘请过一些来自世界500强大企业的管理人员，但是这些"高手"似乎并不适合阿里巴巴。马云说："就好比把飞机的引擎装在了拖拉机上，最终还是飞不起来一样，我们在初期确实犯了这样的错。那些职业经理人管理水平确实很高，但是不合适。"

这些精妙的比喻，不仅容易吸引听者的注意，还让自己所要表达的意思更加清晰明了、浅显易懂，同时也给人留下了深刻的印象。

我们在演讲或者与他人交谈时，为了引导对方了解某件事，也可以借助某个类似的事物对自己要表达的观点加以说明和描述，把抽象的道理说得具体，把深奥的哲理讲得浅显，把人们生疏的事物说得熟悉，这样会更加容易被人接受。

在论辩中，生动形象的比喻能起到深入浅出、雄辩有力的作用，但要注意的是，你要说的事件和你类比的事例必须具有其内在的性质联系，如此方能进行论证和推理。

3. 有原则的话才有分量

马云曾经这样感慨道："讲真话很重要，还有就是要坚持原则。"我们都知道，一个成功的人必定是一个遵循原则的人，同样，如果想让自己的言语更加得体，也要遵循一定的原则。因为在口语表达中，你所坚持的原则越确切，你所说的话就越铿锵有力，在气势上也会更强。

在游戏方面，马云一直认为腾讯是做得比较好的，但是马云同样认为游戏不能改变互联网产业，因为人不能总是玩游戏。未来 10 年，电子商务一定是主流的市场，一定会越做越好，当然，困难也会越来越多，竞争也会越来越多。

在一次商务会谈上，马云如实说道："我认为应当锁定自己的客户，我们的客户是中小企业、创业者，这是我的定位。我锁定的是中小企业，如果大企业来，我原则上不做这个生意，没有办法做。中小企业刚用阿里巴巴网站的时候，可能资产是三五百万，可能后来变成了几千万或者是 1 亿元，但是我就会说，你变成了 1 亿元就要找别人去了，我只做中小企业和电子商务。不能教小学的时候，中学也可以的，大学也包揽下去。我们的水平就是这样的，因为我们在想清楚客户是谁的情况下，就要锁定市场，去做该做的事情，在利益和诱惑的面前要学会说 NO。"

马云对未来互联网发展的利弊做出的这段剖析可以说是十分到位的。尤其是在对如何定义客户与企业之间的关系，如何锁定市场这些问题进行论述时，马云秉持自己的初衷与原则，用非常肯定的语气阐述了自己的看法，让自己的话既有原则性，也暗藏了不怒自威的严肃。

但是，我们还应当明白，原则性的话题如果过于尖锐，那么在一些特定的场合就要懂得适时化解。坚持原则性，会让你的自身气场加强，但是如果太过，会适得其反，让人觉得你咄咄逼人。

4. 话不在多，全在点子上

日常生活中，因为没有过多的讲究与套路，所以许多人说话都是想到哪说到哪，以致往往最后到分别时，话都没讲到重点上。

有句话说得好："吹笛要按到眼儿上，敲鼓要敲到点儿上。"会说话的人，往往会给听者提供大量的思想火花。就像很多时候，话并不在于字的多少，而在于表达的精确度如何。如果你能句句说到点子上，句句说到人心坎里，那么你的语言自然就会出彩。

在《东方企业家》杂志上，曾经有一篇文章这样描写马云：

"成了事之后的马云，在电视上侃侃而谈，每一句话都说到点子上。其实他脑子也有短路的时候。短路的时候，他往往自闭，他解决内心问题的唯一方法就是不交流、不露怯。等着有十足把握了再说话。他不太会说傻话、笨话，因为没想明白的东西，他不往外说。不该他琢磨的事他也不去琢磨，把有限的能量放在他该操心的部分。他懂得省劲儿也懂得信任别人，知道所有人都希望自己有用。马云更像是一个心理学家，做社群工作的能耐一流，总给人们最想要的。"

说话是需要谋划的，只有将问题的重心放到话题上才能出口成章、句句是理。马云的沉默并不是懦弱，而是在内敛中暗暗累积力量，他懂得说话一定要放到点子上，只要说出来就一定要解决问题，否则就宁可不说。

古人云："山不在高，有仙则名；水不在深，有龙则灵。"说话也如此，话不在多，点到就行。尤其是在生活节奏紧张快速的现在，没有人愿意花费大量的时间去听你长篇大论，这就要求你在谈话时要做到言简意赅、一针见血。

另外，简洁有力的语言不仅能帮我们在处理问题的时候一语中的，击中问题要害，而且还能快速高效地解决问题。一位领导如果能够学会言简意赅地说话，那么不但可以清晰地传达指令，还能为自己节省许多宝贵的时间，这样一来工作效率不就大大提高了吗？

在一次会谈上，当有人问马云职业经理人与企业家之间的区别时，马云沉默了一下说道："我认为一个企业家首先要具备优秀的职业经理人的品格，一个职业经理人也必须具备企业家的胸怀和眼光才能做好一个真正的职业经理人，所以只有把别人的时间、精力、资源当作自己的时间、精力、资源去做的时候他才会成为一个好的企业家和职业经理人，职业经理人要像企业家，企业家必须像职业经理人一样职业化，把自己员工的事情当作自己的事情去做。"

虽然只有短短几句话，马云却将提问者的问题答得滴水不漏。俗话说得好："话多不如话少，话少不如话好，多言不如多知。"很多时候，真正能进入听者心中的话，往往只有那么寥寥几句，但就是这几句话，却能直达对方心中，让对方立马会意。当然，少说并不是不说，而是要学会怎样去说，将话说到点子上，社交便能左右逢源。为什么生活中有些人的口才水平极高，但是有些人却词不达意？区别就在于我们所讲的话能不能抵达对方内心深处，让对方信服。

所以，说话需要技巧，做人需要智慧。不看你说什么，就看你怎么说。言语在精不在多，最不会说话的人可能就是那些喋喋不休的人。要想把话说得"高效"，你就应该提炼话题中心，这样才能在第一时间占据听者的心。

5. 少讲大道理

对于一个病人来说，即使医生再三证明某种药物有效，说出许多药理知识和大道理，病人总还是心存疑虑的。但如果医生告诉他："我自己也服这种药，只用了一个疗程就大病痊愈了。"听了这种真实的经验，病人的顾虑就会小很多。

讲道理，这是一般人的说话之道。殊不知，大道理讲多了，也会引起别人的反感。善于做说服工作的人都明白，简练、精准的话对他人的影响要比空洞的大道理大得多，学会抓住重点进行精辟的论述，往往就可以以少驭多。例如马云在忠告创业者时曾经这样说过：

"你要少听成功专家的讲话，所有的创业者都应该多花点时间去学习别人是怎么失败的，因为成功的原因有千千万万，失败的原因就一两点。所以我的建议就是，少听成功学讲座，真正的成功学是用心感受的。有一天如果你成了成功者，你讲任何话都是对的。

"我不是否定成功学，但是任何东西都要有度。你给我的感觉就是成功学大师在讲课，两招使过以后，别人就觉得有点虚。

真是这么回事，我们公司员工也有人去听过成功学课程，听一两次可以，听四五次，这人就被废了。"

正如马云告诫创业者的一样，真正的成功学是用心去感受的，而非由那些空洞的大道理来堆砌。马云的这番话言短意长，却又恰到好处地道明了成功学的利弊，并且还举例说明了自己的观点，博得了大家的认可。

"言不在多，达意则灵"，就是指讲话要少而精。尤其是在日常生活中，如果你总是摆出一副专家学者的模样在他人面前侃侃而谈，那么难免会给人留下故弄玄虚的印象，而且这种过于"专业化"的话也会让人觉得你缺乏亲和力。

在一次对话80后、90后的访谈中，马云与一名学生进行了这样一段对话：

学生："请允许我向哥表白一下，我是大一的90后，自己创业做了一个搜索，我希望如果有机会的话，能够跟咱们淘淘搜合作，因为我觉得那个很不错。我老喜欢您了，问题就是我也很喜欢金大侠，我看过您摆过一个造型'金鹤亮翅'很漂亮，想问金大侠的角色您喜欢哪个？想问您经营阿里巴巴的时候，学到了哪一派哪一招用了几成功力，是不是用这个武功哲学来经营自己的事业、爱情、生活？"

马云："我觉得你问得挺好，90后问问题就应该这么问。她如果像我们这个年龄的那样问问题就麻烦大了，社会的进步就在于永远敢问敢想，并且你积极地去看待你是怎么处理工作的，这就是对的。谢谢你的问题，在金庸小说里我最喜欢的人物是风清扬，我的笔名曾经用过，我们公司内部很多有化名，我的化名就是风清扬。风清扬我喜欢他有两个原因：第一他是老师，自己不愿出来但他培养了令狐冲；第二他是无招胜有招，他是基本上打穿了整个的剑法，我觉得特别好，无招胜有招，无招本来就是招，最后一招无招那就是招。

"在公司里面我是这么觉得，我前天在飞机上还在看《射雕英雄传》，我觉得挺舒服的，累的时候看看这些东西心里特别愉快。我现在喜欢的是太极拳，我觉得中国的文化最强大的在于太极阴阳变化。很多老外专门研究我的所谓打法——前几年，我所有的商业的东西，他们说'你早上讲的话晚上就会在我的办公桌上'，我说我自己也没搞清楚，你也别研究了。现在我慢慢觉得，其实我是用企业来阐述中国的太极哲学思想，所以我觉得挺快乐的。"

马云的话很朴实，其中并没有很多大道理，但是却往往能够打动人心。因为他的话贴近生活，并没有给人高高在上的感觉。他用一颗平常心去讲平常话，可见其说话的技巧与魅力。

说话的关键并不在于你用多么高深的长篇大论使对方崇拜自己，而在于将你要告知的信息准确地传递给对方，即便语言朴实无华，只要你观点论述正确，表述有条不紊，那么你的谈话定能直通对方心中。

6. 言语果断，绝不拖泥带水

2011 年 6 月，阿里巴巴集团主席马云在美期间将与其投资者雅虎和软银进行商谈，以期化解矛盾。在 D9 大会上，马云谈到这两个投资者时表示：

"平静的沟通总是很困难的，往往非常复杂。"尽管马云对于当时的谈判并不是十分满意，但是他依旧用简短的话表明了当时沟通的困难和复杂。

有记者现场问到雅虎的业务该如何提升时，马云又十分简短地发表了建议："把雅虎的业务拆分了，拆成一个个小的业务，因为经营大公司非常困难，不如把它们变小。"

当时，谈判的重点是阿里巴巴获得支付宝新东家的补偿问题。雅虎曾抱怨说他们是在支付宝完成股权转移后才知道此事，而马云的回应是："关于支付宝转移的问题，几家公司已经讨论了 3 年。"当然，马云也表示，他会考虑购买雅虎。不过，马云也坦承他没有足够的财力来进行这么大的收购。"我很乐意，"马云说，"如果有人愿意借我钱。"

老舍曾经说过："简练就是话说得少，但意思包含得多。"所谓长话短说，即是以简驭繁，因为说话的精髓往往并不在"多少"上，有时候哪怕是寥寥数语，只要能让对方马上会意，那么便真正达到了谈话的最高境界。

从上面的谈话中我们可以看出，对于记者的不断提问，马云的措辞似乎总是表现得十分谨慎，虽然言语不长，但是只要细细领会就会发现，马云的每句话都有着深刻意义，而且反映出了当时谈判的不顺利和艰难。

多言是虚浮的象征，因为口头慷慨的人，行动往往吝啬。其实，越是说来话长，越是要短说。说来话长只不过是个借口，很多意思往往只需要几句话就可以说明白透彻了，因为话人人心时，在听者心中留下印象的也许只有那么寥寥数语而已。

"面对国外大珠宝品牌蜂拥而至，国内珠宝企业却在夹缝里苦苦求生存，停留在低附加值的中国制造上……"上海一家珠宝公司老板李敏，近日在"云计划"上提问，"小珠宝公司该如何突破发展瓶颈？想把企业做大是不是该融资？"

对此，马云答复："不是想做大而融资，而是客户越来越多，需要更好地服务客户，才会融资。""企业想做大，不是融资就能马上或者一定能成功的，企业想成功，和融不融资没关系。"

马云一方面肯定了李敏创中国一流珠宝品牌的想法，另一方面又表达了自己的看法，因为要实现这样的目标，只能不断努力才有机会。毕竟那种一流的世界品牌是屈指可数的，而想要达到那个高度，通常也不是短时间就能做到的。谈到自己的公司融资时，马云解释，阿里巴巴不是为了做大而融资，而是客户越来越多，为了更好地服务客户而融资的，做大是后来的结果。

很多人都讨厌废话连篇、半天都说不到点子上的人，但是，我们应该注意的是，说话简洁并非"苟简"，而是"以简代精"的意思。简洁要从实际效果出发，简得适当，恰到好处。否则硬是掐头去尾，也会让听者不明，甚至弄巧成拙。

　　当然，如今也不是"沉默是金"的时代，在如今这个凡事都讲究速度的社会，如果我们总是保持沉默并让大家来了解你的意思，那么也是不可能的。所以，当我们与他人谈话时，要学会谈吐优美而文雅，尤其是注重思维的重点所在，想好之后，用最精辟的语言将之陈述出来，不要拖泥带水，这样才能让对方更快地明白我们的意思。

Mr. Ma's

WAY OF SPEAKING

第三章

直言不讳，有时候更有效

1. 观点犀利，语惊四座

当"犀利哥"这三个醒目的大字刚刚进入人们的视野时，媒体就借此对马云的言行进行了一阵调侃。因为在大多数媒体的眼中，马云虽然没有"犀利哥"那样丰富的表情脸，但是却有着一张让众人都为之佩服的"犀利嘴"。

似乎无论在哪种商业场合，只要有马云在场，场内的气氛总能热烈而融洽，只要有马云融入的话题，人们也似乎总能被其犀利的观点所吸引。尽管许多人对马云那张嘴是既爱又恨，却也不得不承认，正是这张"嘴"带领大家进行了一场彻头彻尾的头脑风暴。

2010 年 7 月，马云被邀请到重庆谈论经济政策，在会谈现场，马云就当时市场经济萎缩、许多中小企业光等救市的状况在会场作了讲话：

> "世界经济越来越复杂，但大家的机会都是一样的，你差的时候我也差。我认为民营经济现在很难，但不是最难，相比 30 年前，民营经济已越来越好，我们应该感谢这个时机。
>
> "创业的成功，很少人是因为听了经济学家的，因为经济形势好和坏与经济学家没什么关系，好形势下有坏企业，坏形势下有好企业，所以民营经济应该做好自己的事，坚定自己的理想，

一切是靠自己做出来的。

"我坚信中国经济要走出困境，一定是靠民营企业，但很遗憾的是刚听到有人在说需要政府出什么政策。光是等政策就像吸鸦片一样，上瘾就停不掉。面对困境，民营企业更需要靠自己的努力，就像下雨天不一定就会把人淋湿，只要你躲得好。"

马云的这番谈话很现实，不仅对当时经济市场的现状进行了准确描述，而且还犀利地指出了一些中小型民营企业坐以待毙的状况，并且提出了应当有自力更生、自强不息的创业精神。尽管当时台下坐着的与会者中有很多都是民营企业代表，但是马云却毫不留情地指出了他们的根本问题所在。

这种言谈中时不时透露的"犀利劲"已经慢慢成为马云的标志，有人曾经说马云是个"激进派"，事实上这是由于对马云不了解才有的偏见，马云的"犀利"只是对事物分析透彻后的深刻理解。

2007年，马云参加了中国企业领袖年会，当大家都沉醉在企业领袖年会其乐融融的氛围中时，只有马云一人冷静地提醒着大家："'冬天'要来了，我们要准备过冬。"2007年年底，马云一语成谶，不少企业对突如其来的市场经济萎缩防御不够，纷纷陷入经济危机。

在2008年的年会上，马云依旧十分淡定且冷静地说道："今天中午，我在外面吃饭，餐厅的老板问我：'你估计明年（经济）会上来吗？'我说：'明年下半年就可以。'他说：'明年下半年就可以？'我说：'明年下半年你就适应了。'优秀的企业家必须学会比别人提前适应这个环境，这个灾难一定会在两三年内打击到每一个人，谁先适应谁就有机会。"

这就是马云，擅长从小故事带出观点，而且常常语惊四座。他在2008年的年会上还如是说道："如果银行不改变，我们就改变银行。"

犀利是一种语言天赋，虽然表达的方式比较强硬，但是这种"硬"却常常会在合适的地方与时间发生"蝴蝶效应"。就好比在辩论赛中，当你经过深思熟虑之后出其不意地给对方一击时，对方肯定会被你的"出乎意料"所威慑，从而使你的观点胜出。

其实很多时候，语言就像一个人的名片，新奇犀利的语言往往能够充分展现你的睿智和个性。我们在谈话和演讲中，如果能把话讲得精彩独到，不但会引人注意，还能达到交流的预期目的，为自己赢得人生和事业的成功。

2. 以子之矛，攻子之盾

有一个卖矛的商人时常夸赞自己的矛什么盾都能刺穿，又时常吹嘘自己的盾什么矛都无法穿破。于是有顾客问他："如果用你的矛去戳你的盾，会怎样呢？"商人顿时哑然。

"自相矛盾"的故事几乎我们每个人都知道，但是这其中暗藏的处世之道与反击之法又有几个人懂得？

在谈话的过程中，如果我们能够抓住对方的逻辑矛盾和论证破绽，巧妙地进行推理反击，使其观点中的某些谬误得到再现，那么对方的观点也就会不攻自破了，这样一来定然能使对方反观自身，得以自悟。可以说，马云就懂得巧妙地利用这种方式。

2011 年对于马云来说可谓是个多事之年，因为就在这一年阿里巴巴旗下的淘宝情况不断。7 月初马云紧急从美国飞回杭州，约见全国主流媒体就淘宝事件进行澄清说明。

在专访现场，马云逐一反驳所谓淘宝商城提高门槛服务费是"过河拆桥"甚至"为传闻中的收购雅虎作现金准备"的说法："有人说阿里巴巴不了解小企业，不关注小企业的生死。我想问，国内有哪个公司或者哪个机构，能够站出来说比我们更了解小企业，比我们更能够直接地了解小企业发展的现状和问题？这12年来，阿里巴巴的发展与中国小企业的发展荣辱与共，我深以为傲！"

"运营9年来，淘宝至今仍然坚持免费开店策略，我们从不指望靠淘宝商城挣钱，但我们要求所有的商家必须确保这个平台的整体品质，赚到钱的重要基础就是所有的商家必须能给消费者提供有品质的商品和服务。"

马云说，淘宝网发展壮大至今，对阿里人来说，更是个责任。"淘宝网每年仅运营成本就超过70亿元，淘宝平台今年的交易规模将达到6000亿元，培育了逾800万的商家，每年直接间接提供200万个就业机会。如果有一天淘宝网关门了，哪怕是关停一天，其影响将不堪设想。所以我们必须采取一切确保品质的措施，这也是淘宝商城提高品质门槛的初衷。"

马云的反击推理并没有咄咄逼人的气势，反而利用公众对自己的质疑来进行设问并阐述自己对事件的看法。这样一来，面对公众与媒体，他更加有气势与底气。

于无形之中将原本尴尬的话题不知不觉地转移给对方的同时，还能将自己尖锐的意见包含其中，并且以其人之道，还治其人之身，这无疑是最好的方法。当马云面对媒体以及来自外界的质疑时，首先就丢给了大众一个反问句，然后娓娓道来，让人信服。

假如有人故意地无事生非，或者企图嘲弄你，想让你出丑，那么我们大多数人最直接的反应当然是予以回击。但是回击的方式有很多种，而且所波及的范围与产生的影响也都不相同。尤其是在某些重要的场合，直接的还击可能还会让你身份尽失。

因为"以子之矛，攻子之盾"是反击之语，所以我们在运用这一方法时还得注意语气是否适当，措辞是否委婉。毕竟反击之语谁都不愿意听，而且有时候还涉及对方的尊严与权威等问题，因此我们还应当注意场合。

其实，推理反击并不难，但是要想在不同场合中都能反击得巧妙，自然是需要下一番功夫去学习和领悟的。如何能在需要的情况下，将这种技巧变成自然流露，才是我们真正应该达到的语言境界。

3. 刚柔并济，对答自如

马云说话的风格有很多种，其中有一种常见的便是"太极"法，这个方法，马云时常会用于演讲或应答媒体的各种提问，在一刚一柔的方式中，马云不仅将代表刚性的"犀利"表现得淋漓尽致，同时又释放出了柔性的"爽朗与幽默"。

有刚有柔、进退自如的口才不仅能使谈判达到令人相对满意的结果，还能帮助人们避免直面回答一些重要问题的尴尬，这种说话方式在让你自身气势不减退一毫的同时，又能在无形中让对方的气焰减退三分。

在一次答记者问中，有位记者提问马云："在电子商务如此发达的今天，淘宝如此席卷全国的时候，阿里巴巴有没有专门针对内地的不发达地区的扶持计划？对它们有没有建设性的意见，它们应该向哪些方面发展，有没有更加针对性强的计划？"

对此，马云这样答道："我们不是政府，每次政府说对某个地方开始实行针对性政策的时候，我觉得基本上都不靠谱。就像很多地方的发展很有意思，这个行业本来发展很好的，突然有一个市长去当小组领导，这个事情就搞不好了，他3个月才抽出时间来开一个会议，这个事情就搞不好了。我觉得今天的企业要以公益的心态、商业的手法经营，如果以商业的心态、公益的手法那就基本乱套了。我觉得要帮助别人，自己首先要强大。"

面对记者的提问，马云刚开始时表现得比较肯定，因为记者的问题并没有确定的答案，因此马云先稍稍阐述了政策性实施的不确定性，另外又用柔和的语气来讲解公益性计划的难处，面面俱到，语言犀利却并不失柔和。

很多时候，谈话如果措辞太强硬就会激化矛盾，太软弱又不能争取到应有的权利，因此，如若跟马云一样，运用刚柔相济的方式去说话，那么无论你所面临的问题有多么艰难，都会应对自如。

也许有人会说，人际交往中，难免会发生一些摩擦和矛盾，想要化解摩擦、调解矛盾，理是"天平"和"灭火器"呀！是的，人们常说"理直气壮"，但是任何时候都请你记住"理直也须柔"的道理。

与人谈话时，若对方针锋相对，步步紧逼，那么这个时候说话是要有点强硬感的，但这里的强硬并不是一味的狂风暴雨，而要是不大不小的中雨。正如曾国藩所说："太柔弱的就没有力量，太刚硬就容易折断，刚与柔相互调和，才是天地之间永恒不变之道。"

刚柔并重的说话方式其实就跟打太极一样，有刚有柔才会打得出行云流水般的好太极。同样地，如果我们能够巧妙地运用语言中的"柔韧性"，那么我们常会在得到对方尊重的同时得到一个比较好的结果。

4. 收敛锋芒，暗藏霸气

要让对方明白你的一番好意，就必须谨慎行事、把握分寸。语言过于强硬自然得不到对方的好感，如果能够拐个弯，不仅可以让你的语言变得让人容易接受，又不会失去原本的犀利。

马云收起教鞭创业已经十年有余，尽管如今他掌握着阿里巴巴集团的五个子公司，但本质上却依旧是一位老师。在 2010 年阿里巴巴弄得最为火热的"云计划"中，他又将老师的风范给搬了出来，扮演起了回答相关小企业生存发展的各种刁钻古怪问题的老师。因为其回答往往一针见血，网友直呼马老师"犀利"。

下面便是一位做酱菜生意的网友在阿里巴巴论坛上对马云提出的问题，因为这位网友的酱菜生意原本就处于家族小企业成长初期，为此有很多复杂的问题，我们来看一看这位网友与马云之间的对话：

　　做酱菜生意的网友："马老师，小生意成本回收慢，销路也受阻，和亲戚合伙中自己投资少但花的精力多，对于厂子经营发展的方向自己有激进的新想法，但得不到亲戚的支持和肯定。

　　马云："对于大股东，要么听从他，要么说服他。还有一个选择就是离开他。”“是不是亲戚没有关系，不吵架的合伙人一定做不成生意。”

马云并没有把该网友的小企业不当企业，反而用自己平时处理阿里巴巴的问题的方式来给予建议，教导小企业的创业者应该冷静果敢，面对发展的转折点才能有所作为。都说“清官难断家务事”，在诸多“导师”和数位热心网友现场纷纷支招的情况下，但只有马云用两招便轻松化解矛盾，可见马云的机智。

实际上，曲言婉至在谈话过程中是最为普通的表达方法，即在讲话时不直陈本意，而是加以烘托或暗示，给人留了回旋的余地，因而就更有吸引力、说服力和感染力。会说话的人通常都会用这种方式来说服别人。

正如在上面的对话中，马云并没有直接正面地回答网友的提问，而是以暗喻的手法表达了自己的见解，通过让对方自己体悟，加深其自身对问题的思考。马云的回答看似没有多大力度，实际上却暗藏深机，让对方心领神会。

2010 年，马云去杭州“地方与行业网站高峰论坛”现场发表演讲。在演讲过程中，马云就一些实质性问题做出了自己的阐释：“有人给我提意见，‘马云，都是你的淘宝网把我们所有的创新整坏了，使得我们的电子商务 B2C 这样那样的不能做’。我首先告诉你一个坏消息，淘宝不会停下来等你，淘宝还会越来越大、越来越大。”马云一开场如此表示。

马云认为，所有创业者都会遇到各种问题，应该不放弃，懂得感恩和敬畏。“不要认为你抓住了一次机会，还会抓住第二次机会。”

一个会说话的人明白，如果想要在陈述过程中让自身言语威力不减，又能让彼此都得到尊重，那么在陈述事实的时候，不妨拐个弯，注意一下自己的措辞，调节一下周遭的气氛和观众情绪。

马云旗下的阿里巴巴曾经号称要"让天下的生意不再难做"，有不少创业者、小企业主遇到苦思不得其解的问题时，希望得到马云的点拨，能让自己拨云见日。为此马云曾这样回答道："B2B 创业者别埋怨，淘宝不会停下来等你。"以此激励各位企业主自力更生。

无论在什么场合，委婉的措辞永远比直接的批评和教育更能让人接受。即便你百分之百确定自己的观点，说话时也要注意委婉。即便是批评或是表达不同见解，也要学会拐个弯，利用烘托或者暗示来表达想法。

5. 大胆讽刺，不畏特权

真相往往被包裹在层层迷雾之下，而敢于去揭露事实真相的人都是十分有勇气的。石悦曾经有句话说得好："历经磨难，矢志不移，叫作信念。不畏强权，虽死无惧，叫作勇气。"而马云，就是怀有这份勇气的人。

面对一缸浑浊不堪的污水，没有人愿意身体力行将其清理干净，因为谁也不想脏了自己的手。但是马云却并不这样，他不仅卷起袖子干得特别起劲，而且在某些场合，他还敢大胆地站出来，其言语中直逼事实真相的那份犀利，让人胆寒。

2013年2月，马云在北京发表"亚布力会谈演讲"，我们摘取当中的一部分。

"这个世界其实不缺投诉者，不缺抱怨者，不缺批判者。这世界好人一定比坏人多，这世界善良的人、善良的行为一定比恶行多。这个世界上人人都在说缺乏信任：我们不相信政府，政府不相信我们；我们不相信媒体，媒体不相信我们；老子不相信儿子，儿子不相信老子；老公不相信老婆，老婆不相信老公。人与人之间没有信任。但是实际上从我所从事的行业中，我发现信任无处不在。

"想过没有，20年以前、10年以前你会通过网络，在钱没有收到时，把东西交给一个完全不认识的快递人员，他会千辛万苦送到一个不认识的人的手上，那个人还会把钱给你？每天这样的信任发生2400多万次，信任一定存在，只是需要我们去发现而已。

"面对这个世界，我相信我们并不是需要等待政府，其实等待政府很累，我们很矛盾，一方面希望搞市场经济，另一方面又希望政府赶紧出一些政策。其实我相信这些问题都可以被解决。今天的雾霾，当年的欧洲有过，当年的美国有过，当年的日本有过，但是它们解决了。今天美国的天是蓝的，水是清的。当然美国人不吃淡水鱼，主要的原因是当年的污染在地下形成了化学物，很多淡水鱼不能吃了。奥运会期间，我们曾经有过一个月北京的蓝天，所以我们做得到。如果美国人做得到，我相信这一点我们也可以做到，而且我们必须做到。如果我们不做到，30年以后，这儿没有亚布力会谈。我们还会过早地在另外一个世界相会，这不是恐吓，我相信这个灾难会轮到我们每一个人。

"所以我不希望政府部门采取应急性的政策，因为政府部门也很为难，而且出台的政策往往都是一时性的，带来的恶果更大。奥运会期间所有的工厂停下来往外面推，奥运会过后所有的生产又都恢复了，而且今天一到城外，污染更加可怕。我记得我小时候听到要把污染企业搬出杭州城，我们欢心喜悦，终于让那个炼油厂出去了。

"它们去了哪儿？去了杭州的上风口、去了杭州的水源头。今天我们工业西迁的时候，跑到了黄河、长江的上游，我们子子孙孙将会因此受到伤害，这真是一场危机。我们今天要唤醒每个人点滴的环保意识。30年前我在杭州看见人们可以在西湖里面洗菜、可以在西湖里洗衣服，没有人觉得有什么。今天你去试试看，今天你在西湖里面扔一个菜皮，大家会告诉你不能这么干，这是一种意识。我们真正需要知道的是每一棵原生态的树比几百棵人工种下去的树更重要，这是最重要的，不管你人工的肺有多好，天然的肺是最好的。我们要保护好每一条原生态的河。我们把河给忘了，因为有河流，才会有我们的城市，但是今天为了城市，我们埋掉了大量原生态的河。所以真正重要的是一种意识，真正重要的是每一个人的行动，而不是等待某一个组织行动。"

马云的这番话针砭时弊，既批评了当今中国政策中急需修补的漏洞，也非常犀利地批评了某些政府部门执法不到位的情况。

或许，马云的这份"勇气"，正是源于他本人的真性情。因为往往只有内心正派、时刻燃烧着希望之火的人才能在众人敢怒不敢言的时候，勇敢地站出来，揭露社会的不公，鞭挞社会的黑暗。

6. 适时激励，效果更佳

通过激励对方催促其勇往直前，是常用的管理方式。下面便是马云在员工大会上的一次演讲：

"我今天不想作总结，而是和大家一起探讨一些思想。

"还有就是我们以前讲的实力，我今天看到标语上这么几个字：'勇气和坚持'。我以前讲过，实力就是抗击打能力，你怎么打我我都不倒，明天又来了。在这里面可以看到实力是一种勇气和坚持。为什么你有勇气，所谓'艺高人胆大'，我敢走。

"勇气是因为你'艺高人胆大'，而坚持是因为你有'使命感'。你可能比别人看得远，你看到的别人可能没有看到，所以你坚持走下去。在'勇气'和'坚持'这两个词里面，上升到一个高度就是，有没有勇气是在压力面前还敢不敢坚持，能不能坚持往往是在压力和诱惑面前，你敢还是不敢。这是领导者很重要的一个东西。

"压力大，比方说 SARS 爆发的时候，我们都感觉到整个阿里巴巴天要塌下来了，明天要把我们的门关了。我们阿里巴巴从来没有比这个时候体现出更强大的领导力。当时我们说不能忘记客户，我们还是要往前走。那个时候真的有点像外星人打地球，一场 fight。

"除了压力，还有诱惑。昨天我和卫哲在讲，路演的时候，按照我们的资金、所有的认购量，1800 亿美元的无底价订购，我们真的可以在十八九块轻轻松松地卖出去，多卖一块钱，我们就能多拿 1 亿美元，就可以多一个阿里巴巴江对岸的园区，13 万平方米。在这个诱惑面前，你还是不是坚持你的使命感？很多人在诱惑面前软掉了，在压力面前弯掉了。

"其实领导力的最后是看勇气和坚持。真正将军的领导力是在特别的时候才看得到的，大败敌军，掩杀过去的时候，这个将军的勇气和领导力你是看不出来的。撤退的时候才看得出来谁是优秀的将军。撤退的时候，在压力面前、在诱惑面前，你要敢于做到理想不失。"

一个人如果没有使命感，就会懒惰，就会平庸。所以在激励他人的时候，适当地向对方灌输使命感和勇气是很有必要的。在上面这段演讲中，我们可以清楚地看到马云通过举例分析，讲明阿里巴巴是如何历经磨难并最终坚持走向成功的，以激起员工的斗志，让员工重新拥有希望，这便是马云的说话之道。

"在刚才的 PPT 和各位总裁的介绍过程中，大家看得很清楚，2006 年我们取得了哪些成绩。我们确实取得了不少成绩，就像我们刚才讲的。但是我们取得的不是最好的成绩，2006 年的苦是苦在心里面。从 1999 年到 2006 年，这几年里，2006 年是我们公司最辛苦的一年，这也是我们预料之中的。大家记得2005年年底我跟大家讲过，我们将步入最艰难的一年。

"所幸2006年过去了，我们各个部门的工作完成得都不错，也取得了很好的成绩。

"我想跟'五年陈'的同事讲，坚持5年很不容易，在阿里巴巴这样的公司坚持5年更不容易，我们确实需要这么一批15年、25年的员工和同事。"

从马云对阿里员工做出的年终工作总结中可以看出，马云实质上对2006年的工作业绩是不太满意的，但是为了给员工打气，在说话的过程中，只是简单描述了一下2006年的艰辛，然后将老员工搬出来，将坚持与奋斗的精神一并提出，从而达到鼓励所有员工的目的。

7. 克敌制胜，攻心为上

攻心说服是巧妙地诱导对方的心理或感情，使被说服者信服的劝勉方法。马云每次在公众场合之所以能"克敌制胜"，正是因为他在谈话过程中总是懂得"攻心为上"的道理。在一些场合中，每当遇到一些十分为难的话题时，他总能巧妙地通过话语影响对方的心理，从而让自己顺利摆脱困局。

有人问："你刚才讲到，社会上也会有讨厌马云的人，我从外部观察，这些人大部分是从 2011 年之后开始出现的，你觉得原因是什么呢？"

马云："其实一直都有。只是 2011 年之后，我个人觉得，有几个事情吧。当然，所谓的正义之士就是在支付宝的事情上对我咬牙切齿，觉得我这个人背信弃义，违背契约精神，好像要干掉整个中国互联网，把 VIE 跟我扯上了关系。

"大善乃大恶，大恶乃大善。就像 2007 年，我做雅虎 40% 股权的时候，我知道，这步棋如果 40% 都被人家控制了，你将来就惨了。孙正义最明白。那天我对孙正义说，'好，我马云是个背信弃义的人，是违背契约精神的人。但如果我能找到一个人，我总共投了三四千万美元，却能够拿回来 150 亿美元的回报，那么，我很希望能找到这样一个背信弃义的人来'。孙正义说，是啊，他找到了。到今天为止，他总共投了 5000 万美元不到，而拿回了近 4 亿美元现金，还有 30% 以上的股份。要是能找到这样一个违背契约精神的人，我也很高兴。对不对？

"我们不是这样的人。但在做这件事情的时候，话语的主动权不在我们这儿。我们在做事，别人在说事。说的人最容易，而且前面先定论你就是这样的时候，你说不清。又刚好吻合微博刚刚起来的时候，所有的人一致认为这个社会上都是坏人。"

成功人士的说服之道，就是在说服的过程中，对被说服者采取攻心的策略，让被说服者适应心理渐变的过程。运用"层渐递进"的说服技巧，从理论上讲，符合心理学的基本规律，从实践中看，只要运用得恰当、巧妙，就能取得理想的说服效果。

马云在回答对方的问题时，首先是站在对方的角度坦诚地讲解自己的情况。然后循序渐进，将话题从反面切入，让对方明白自己为什么是"背信弃义"的人，真正的"背信弃义"指的又是什么，最后巧妙地总结自己的无奈和对自己做法的肯定。通过举例说明，巧妙地吸引对方的注意，然后将自己的无奈传递给对方，这样一来，马云反而占了上风。

兵法有云："攻心为上，攻城为下。"我们知道，谈话的目的在于让对方接受，如果我们学会"攻心"之术，特别是当我们为自己做出辩解的时候，能够使用生动形象的言语圈住对方的心，那么必然能达到克敌制胜的目的。

Mr. Ma's
WAY OF SPEAKING

第四章

用他的真心，换你的真心

1. 马云的心直口快

在大多数人眼中，心直口快的人大多比较坦诚，与他们一起交流、沟通会觉得身心舒畅，因为不用去提防他们。同样地，生活中的马云也是这样一位直爽之人，他的心直口快代表的是他为人的坦诚。

当中国的食品安全问题日渐成为国民所担忧的最重要的问题时，马云批评道："很多人问我什么东西让你睡不着觉，阿里巴巴、淘宝从来没有让我睡不着觉。让我睡不着觉的是我们的水不能喝了，我们的食品不能吃了，我们的孩子不能喝牛奶了。"

马云是在用心讲话，他把"实话"献给公众，用自己的信誉作保障，同样也受到了人们的追捧。

2010年，阿里巴巴董事局主席马云参加优米网举办的"马云与80后面对面"活动。在活动中，他表示创业板的目的是支持创新，如果投资了股票不准卖，对创新行业将是一个打击。

马云说："如果你不去把这个事情变成现实，什么都是浮云，假如你愿意从今天开始改变自己，一点一滴去做就不是浮云。我有时候很浪漫，想很多事。我问自己愿不愿意立刻马上现在去做，如果我愿意，它将变成真的东西。

"大家觉得马云很能讲话很能忽悠很能包装。我不是包装出来的，我站在这儿，我背后有 22 000 名优秀的员工，很多人现在在上班，我只是替他们讲话而已，他们绝不是浮云。

"这 10 年走下来我们犯了很多错误，绝大部分人犯的错误我犯了，有些没犯过的我也犯了。我不想说自己多么能干，没有我的团队，没有这个时代，没有中国的改革开放，没有邓小平，什么都不会有。我父亲跟我说过，如果我早生 20 年就给抓进去了。

"晚生 20 年我会坐在这儿跟那个马云对话。就是今天这个时代给的机会，每个人都有自己的机会，别告诉我今天比你 10 年以前要难多了，越来越容易。机会总是有，你如果去找，一定有机会。所以我想假如回到 10 年以前，我还会走这条路，但问题是会不会这样走。这两天讲，6 年以前，我决定做支付宝。前两天听支付宝的会议，胆战心惊，听不懂，两天内没有听懂他们讨论的问题，无论是安全、设施、合作伙伴，还是技术等复杂的问题。我不知道 6 年前如果知道那么复杂我还敢干吗？无知者无畏，干到现在这么大只能搞下去了。"

2. 永远讲真话

这个世界上最难的便是说真话，但最能让人感受到真诚的也是说真话。说真话，道事实，有时候可能会因此而得罪他人，招来不必要的麻烦，但是如若就此便将真话弃如敝屣，那么你在他人心中的可信度便会大打折扣了。

创立阿里巴巴这么多年来，马云最常用的沟通方式便是讲真话。马云说："真话是最难讲也最容易讲。真话永远听起来不爽，但是它又是最爽的。"

2003 年，马云在接受《财富人生》节目访谈时，曾说过这样一段话：

"我先说说我们活下来的三个原因：第一我们没有钱；第二我不懂技术；第三永远不做计划！

"学生都特别喜欢我的方式，因为我说如果你们希望听假话，我可以跟大家讲得很虚伪，但是我相信这儿所有的年轻人跟我一样，希望听真话。所以跟他们进行了彻底坦诚的沟通。世界上最难的是讲真话，最容易讲的也是真话，所以你跟他们讲真话的时候他们会听，他们都是聪明人。哈佛也拒绝了很多聪明人，所以我每次去哈佛总是会骂一些人，骂他们是因为爱他们，到连骂都不骂的时候我就不爱他们了。"

马云之所以给大多数人留下"真实"的印象，就在于他敢说敢做，在公众与媒体面前，他坚持用一颗赤诚之心与人坦诚相见。或许正是因为这份真实，马云在商界才能取得良好的信誉，在商家中才能取得良好的口碑。

当然，也许有人会说，说真话，有时候难免会让对方不高兴。在生活中，我们常常会见到有些人即便见到了不好的事发生，也会将真话藏于心底，看着对方将这种错误延续下去。对此，马云认为："真话的意思是要说人话，不要说官话。我记得柳传志说过，一个好的 CEO 在对外沟通时，最高的境界不是外圆内方，而是外方内圆。说的基本是一个道理。"

2001 年，一名网友问马云："为什么马云做公关这么强？我在海外看到的第一个介绍中国互联网的报道就是关于阿里巴巴的，请介绍一些秘诀。"

马云说："唯一的秘诀是——永远讲真话，不管在什么地方、什么时候，永远说你心里想的，不要为了迎合媒体，讲他们爱听的话或者欺骗他们。如果你现在撒一个谎，你可能将来会忘了，等人家问你的时候，你不得不圆谎，这会让你很痛苦。所有人都喜欢诚实的人，但不是所有的人在任何时候都说真话。如果你这么做了，你就显得与众不同。"

孟子云："欲见贤人而不以其道，犹欲其入而闭之门也。夫义，路也；礼，门也。"想见贤人而不按照合适的方式行事，那就像要人进来却又把他关在门外。孟子的这句话就是说待人要真诚，假如你以诚待人，别人也会以诚待你。

沟通从"心"开始，是移动的经典广告词。这句话之所以经典，恐怕正是因为抓住了重点：心。在如今浮躁的社会中，我们当中太多人都渴望真心真意，甚至真心已经成为当今人人心中最为宝贵的财富。无数事实证明，真正打动人心的讲话并不在于说得多么流畅、多么滔滔不绝，而在于善于表达真诚，关键就在这个"真"。

　　事实上，在一些特殊的交际场合，说得最多的人并不一定是最受欢迎的人，背得很熟、讲得最顺畅的演讲也并不一定就是好的演讲。如果缺少真诚，言之无物，谈话就失去了吸引力，变得跟一束没有生命力的绢花那样，美丽却不鲜活动人，从而失去魅力。

3. 尽量选择朴素的语言

人际沟通中，朴实无华的语言似乎总能吸引大众。正如曾经打败过拿破仑的库图佐夫曾经说过："您问我靠什么魅力凝聚着社交界如云的朋友，我的回答是'朴实和真诚'。"

在阿里巴巴公司的运作中，员工们时常会见到马云所贯彻的商业价值观："财富的本意是帮助他人赚钱""如果不让别人富起来，阿里巴巴会是一个虚幻的东西""研究对手就是往后看，只有研究明天、研究自己才是往前看""管理一家公司不需要股权而需要智慧"……这些直抵人心扉的大白话无疑充分证明了一个事实：马云善于说朴实的白话。

2007年，马云在一次商业会谈中对话郭台铭，因为这场会谈是郭台铭第一次参加公众场合的演讲，所以场内的气氛很是融洽。尤其是当郭台铭演讲完，马云上台后所发表的演讲，更是直入人心。

马云："今天我很感谢郭先生给我们作的演讲。两个月前我跟郭台铭先生说好以后，他说'你要把提纲和题目给我'，前天早上我们还在开电话会议讨论怎么讲，我还没见过一个大佬准备演讲这么认真过。前面两次我们争论比较多一点，但是我坐在下面争论了，不断地表达自己的想法就没有时间听。我在下面一直想，有些东西是让我感慨。第一他感觉到成功，我自己也觉得，我不知道什么叫成功，但我知道什么叫失败。我不敢说我们是成功的，人开始承认自己成功的时候也是开始走向失败的时候。另外一个，听了以后，我觉得我们两个有一个共同点，我一直觉得，在武功上面他像外家功夫，我像内家功夫，但是大家基本的想法是一样的，坚持啊，梦想啊，永不放弃啊，细节啊。大家都知道今天凌晨两点钟郭先生还在准备今天上午的演讲稿，他对细节的处理，包括每一个字，都是他自己在做，包括昨天晚上我们在西湖上面谈论项目。只有一个不断努力的很勤奋的人，很注重细节的人，很有理想的人才会走到现在。我以前对郭先生的了解也是从媒体上获得的，我觉得媒体上绝大部分东西不能相信。至少别人把我说得那么好，我没那么好，别人说我那么坏，我也没有那么坏。所以我今天在这样一个场合，把郭台铭先生介绍给大家！"

马云是名扬中外的企业家，但是他却并没有任何名人的架子，而是用非常朴实的语言阐述了自己的想法。尽管马云本身与郭台铭一样都是商界传奇人物，但是他却用向对手学习的口吻去谈论自己的观点，言语中对对方更是充满了敬佩与尊重。

事实上，语言的魅力往往在于说话者内心是否朴实与真诚，越是朴实无华的语言，通常越能打动人心。即便只是短短的几句话，也能够引起听众的强烈共鸣。正如上面马云的讲话，让人备感亲切。

另外，马云还曾经用美国总统克林顿的例子来阐述自己的观点："克林顿，你还真别说，真的是有魅力，一个总统讲话这么朴实。废话，他是人啊，总统也是人。因为是总统，你觉得地位这么高的人还这么平凡，真有魅力。"

在马云的眼中，克林顿虽然是总统，但是他的魅力却是来自他朴实的讲话风格，或许正是这种地位与讲话态度的反差，反而为克林顿增添了一圈光环，同时也让马云自己反思作为一名公众人物该如何提升自己的魅力。

谚语有云："真诚贵于珠宝，信实乃人民之珍。"只有具有真情实感的话语，才会犹如滋润万物的甘露，点点滴入听者的心田。马云就是这样，用朴实无华的语言与亲切随和的口吻作为沟通的法宝。

因此，不妨学着用朴实的语言方式去与对方交流吧，朴实不仅是谦虚，更容易促进人际关系的良性互动，成为你打开对方心门的利器。

4. 坦然地说"不知道"

许多人在面对自己不知道的事情却要回答时都会心生紧张，生怕会出丑，于是遮遮掩掩，拐弯抹角地掩盖自己的心虚，甚至打肿脸充胖子，生搬硬套地给对方一个不太确切的答案。

事实上，心态成熟的人在面对不知道的问题时，会坦然承认自己"不知道"，将自己最真实的一面呈现给大家。正如马云，他的谈话之所以能打动人，是因为任何时候他都在做最真实的自己，面对无法回答的事实，能够坦然地说"不知道"，这才是真正成熟的表现。

2011 年 4 月，马云参与了"从阿里巴巴看价值观冲突"的论坛演讲。这次演讲之前，阿里巴巴刚好经历了一场内部高管相继离职的"欺诈门"事件，这次事件以高管卫哲的引咎离职结束。

当时，诺亚财务管理中心总裁汪静波向马云抛出了这样一个话题："管理层或者说企业家是很稀缺的资源，而阿里巴巴三位核心领导却离开了，是否会让未来的目标实现变得更困难？因为你还要找这样符合你的价值观的人。"

面对汪静波这番提问，马云没有退却或避讳，而是正面地回应：

"这个是不是最好的解决方案我不知道，但这是最正确的方案。我没有办法追求完美，天下没有最完美的解决方案。发现这个事情就是春节前两个礼拜，发现这个事情后，我就开始难过，这件事情一旦确定是真的，真有99名员工涉及这个事情的话，解决的方案只有一条：一定得有人为此付出代价，而要付出最大代价的一定是CEO，否则我们今天所说的'价值观就是针对员工'，就只是贴在墙上的标语。

　　"我其实很感谢这三位做出这样的决定，他们完全可以说'凭什么'，但他们说这是公司价值遵守的东西，既然有问题，谁都应该承担责任……企业家资源是少，但这些都是可以培养的。"

　　俗话说得好："事无绝对，人无完人。"并不是每个人在处理任何事情时都能面面俱到。就像有人曾经这样调侃道："我们又不是百度，任何问题都能立马回答出来，更何况百度还有答不出问题的时候。"

　　中央电视台《赢在中国》总制片人王利芬女士曾这样评价马云道："在马云身上，还有一点是一般人做不到的，那就是他没有一点虚荣心，他不怕没面子，能十分坦然地面对自己不太成功的过去，连自己的长相也在他自嘲之列。这一点对一个人来说真的不容易。而且有许多人因为做不到这一点而将自己放大或架了起来，之后要不断地为这个放大的或架起来的自我费许多的精力去演戏。而马云不用，他台上台下都是一个人，真实地表达自己的不足，也真实地表现自己的才华。我很难想象什么人能将马云忽悠起来，也很难想象什么人能把马云的自信打下去让他自卑。他始终处在极为清醒的状态，基本不会失去自我。"

　　勇敢地说"不知道"，不仅可以使问题得到有效的解决，还能让人被你的坦诚所感动。如若不懂装懂，不仅会让人觉得你不够坦诚，而且还会给人不实的感觉，这样一来你在对方眼中的形象不仅大打折扣，而且你自身的信誉度也会降低。

5. 任何时候都用尊重的口气

一位职员一心想移民美国，当他将自己的这个梦想告诉一位同事后，却招来了同事的打击："美国有什么了不起的……"这位职员脸色立马大变，不堪挖苦，于是与同事发生了冲突。

生活中其实每个人都希望得到他人的尊重，尊重他人不仅是礼节性问题，更是维系与他人之间友好关系的桥梁。如今的马云尽管身处高位，但是在面对自己的职员和公众时，依旧怀有谦卑之态，在他眼里，这不仅是对他人的尊重，更是对自己的尊重。

2008年4月，马云经过中途的奔波劳累，出现在湖畔学院发表三期讲话，因为中途有些事情耽搁，来到现场时大家都已经等了好久了。面对在场的各位听众，马云首先便做出了解释："不好意思，让大家等了很久，说好四点半的。这一趟确实跑得比较远，后面我会跑得更多一点。这次我从北京去了博鳌论坛。龙永图本来就是我们的董事，他说APEC（亚太经济合作组织）有我，达沃斯有我，博鳌更不能不去。龙董说了这句话，那还是得去。

"去的人比较多，各国领导人去了11个。这次我想阿里巴巴影响越来越大，外界对我们的关注也是越来越多。我参加了两个论坛，也是被龙董叫去的，我本来不想作任何发言，不想说任何话，但是龙董说改革 30 年，每个人都要讲。

"每个人都把自己 30 年前和现在的照片挂在墙上。我没有带照片过去，我想再过 10 年才挂到墙上去。改革头 10 年，改革后 10 年，改革再后 10 年，我们算哪一年。头 10 年中国是接受改革开放的思想，后面两个 10 年是中国融入了世界经济，特别是最近 10 年，中国企业走出去了。"

对于自己的迟到，马云首先致歉于听众，这不仅是对各位听众的尊重，更是有礼貌的表现。马云接下来的解释似乎带了点幽默的成分，却依旧是在诚恳地向大家解释自己迟到的原因，希望得到大家的谅解。面对马云的这番诚恳，还有谁会埋怨呢？

其实，要学会从内心深处去尊重他人，首先就必须在言语上尊敬他人，任何时候都不要让自己产生优越感，在谈话过程中，如果你不考虑对方的感受，只是将话题重心摆放在自己身上，那么不仅会让人心生讨厌，还会让谈话变得单调无趣。

尤其是当你在职场上与上司、同事、下属相处时，如果你能客观地发掘别人的优点、真诚地尊重与欣赏别人，那么你的人际关系一定不错。有些时候有的人会认为自己怀才不遇，当他们看到上司身上有不如自己的地方时，便从内心看不起上司，更有甚者在言语上也毫无尊重之意，最后自食其果，在职场中败北而归。

事实上，用欣赏、尊重的态度与人相处有许多好处：

1. 言语尊重，不仅会让对方觉得你有礼貌，言谈举止得体，还会使他认可你的人品。

2. 能同时完善自己。因为当你能真心尊重和欣赏他人时，你便会去学习别人的优点，克服自己的弱点，使自己不断地完善和进步。

　　2009 年年末，阿里巴巴集团董事会主席马云现身新华社，与传媒频道的编辑记者进行了一场开放式沟通。在谈到阿里巴巴员工与马云之间的互动时，马云这样回答道：

　　"阿里巴巴可以没有马云，但马云不可以没有阿里巴巴。有我在跟没有我在，公司其实差不了多少。经过 10 年的发展，我们公司从 18 个人到今天的一万八千多个人。2009 年我们招收了 5000 名新员工，相当不容易。2009 年经济形势不好，大学生就业困难，我们就尽量多招一些人。有人说，这么一搞我更神了。

　　"这 10 年来，我们犯的错误比取得的成绩多太多。今天别人想知道的是，我们取得了哪些成绩，其实我们没觉得有什么，我们只是活下来了。从 1999 年到现在，全世界至少 2000 家企业做电子商务，跟它们相比，我们真的活下来了。有人觉得我们是因为得到了风险投资，可在当时获得风险投资又活下来的就我们。

　　"我们这一代人是很幸运。在上市的前一天，我把阿里巴巴全体员工集中在一起，这些人现在资产最少的都是百万富翁。我们问他们，你们为什么这么有钱，我问我自己为什么这么有钱，是因为我们比别人勤奋吗？我自己感觉比我们勤奋的人多太多了。是我们比别人聪明？我看更不靠谱，以前从来没有人说过我聪明。"

　　一个懂得用欣赏、尊重的态度与别人相处的人，一定会过得很愉快，别人也会同样地欣赏和尊重他；而一个提倡欣赏和尊重团队的领导，也将会受到团队中每一位成员的欣赏和喜爱，这就是马云的凝聚力——用尊重打造出的成功。

6. 谦虚最美

成功之后，马云总是这样说："如果我马云能够创业成功，那么我相信中国80%的年轻人都能创业成功。"这句话当然是谦虚之言，却表明他已经非常成熟。

谦虚是一种美德，在不同的时间、不同的环境、不同的氛围下，用谦虚的态度待人，也能受到别人的尊敬。

当年的阿里巴巴成功在香港上市，马云在接受媒体的采访时说道："对阿里巴巴来说这只是开始，上市只是加油站。阿里巴巴是希望能持续发展102年的企业。我们还是孩子，不管市值多高，它只有8岁，员工平均年龄也只有28岁。"

尽管当时的马云已经立足于中国，并走向海外，但是他始终都没有骄傲过。或许正是他的这份谦虚，为他赢来了更多的声誉。

有一次，马云去参加地方与行业的网站峰会，在大会上，有人向马云提问："阿里巴巴淘宝和淘宝客给我们站长分了这么多钱，要感谢马总，感谢阿里。我不太知道马总是不是第一次参加这样的站长会议，我想问的第一个问题是，马总对于我们地方网站站长有什么感觉？"

马云答道："第一，你感谢我，我受宠若惊，我真是觉得我做阿里巴巴和淘宝客的时候，不管别人怎么看我们，我是真心地感谢这些站长。刚刚竞争的时候，没有小网站和站长们的支持，阿里巴巴就活不下来，今天淘宝大了，应该做一些思考。大多活不是我干的，是淘宝客和阿里巴巴所有的工程师做的，而且今天阿里巴巴的发展也超越了我的能力范围。很多人在网上表扬我，马云你怎么那么厉害，我真的不厉害，我真的不懂互联网。我前不久开支付宝的会议的时候，我两天之内都听不懂他们在说什么，我心里很慌，两年之前我知道会这么复杂的话，我可能就不会做支付宝了。无知者无畏，技术如此地复杂，我就做什么工作呢？坐在那里认真地观察，认真地听，看有没有违背我们的使命和价值观，有没有违背我们答应的事情，就是做这个事情。"

这就是马云的说话风格，谦虚、懂得尊重人。面对提问者的问题，马云并没有丝毫傲气，而是十分坦然地将功劳全部推给了自己的职员，将职员的功劳摆放在了第一位。这样的马云，不仅为自己赢得了良好的声誉，也让员工们佩服。

世界上爱讲大道理的人有很多，他们往往口齿伶俐，雄辩滔滔，的确让人佩服。只是这种强出风头、固执己见的说话风格，只会让人生出排斥之感，让人觉得此人自大自满，进而远离。

在中国，古圣先贤一直教导我们要谦虚，尤其是在与他人沟通时，一定要虚心听取不同的意见。即便当我们需要向他人澄清事实时，也要在充分尊重对方的前提下再提出自己的见解供其参考，不要好为人师，弄得他人无所适从。

对于阿里巴巴在中国电子行业中所创造出的神话，马云并没有飘飘然，他懂得一个人站得越高，就越要保持谦虚的态度。谦虚不仅是事业成功的法宝，更能拉近与他人之间的距离，让人觉得你极具亲和力。

谦虚之所以受到尊崇，就是因为它是做人的美德及事业成功的法宝，如果我们每个人都能学习谦虚的生活态度，那么我们自然就会有好人缘，而且在前进的路上，能避开许多因为言语不当而造成的阻碍。

7. 善于倾听的人更容易成功

马云很善于在沟通中让自己处于蓄势待发的优势地位，这种优势主要源于马云的说话之道："走出自己的逻辑，善于倾听别人的人容易成功，永远活在自己逻辑中的人是走不远的。"

善于倾听的人往往会在谈话过程中将自己摆放在合适的位置，通过倾听他人的谈话，为自己积攒思考的时间，找出说话者的破绽，然后一攻即破，可谓一石二鸟。就像所有的成功企业家无不是伟大的学习者，他们善于倾听，冷静沉着，因此才创造出惊人的成就。

创业前期的失败给马云带来了无数的压力，但是他并没有在失败面前感到茫然，相反，这些失败让马云越发沉稳与坚强。

1999 年 2 月，马云因为在中国外经贸部做网站已经在互联网界小有名气，因此，他有幸受到了当时在新加坡召开的全亚洲电子商务大会的邀请。

当时的亚洲电子商务大会，虽然号称"亚洲大会"，但是到场的亚洲人却并没有多少，相反，倒是金发碧眼的欧洲人居多，甚至占到了整个与会人数的 80%。大多数欧洲人到场的情况至少证明了一点：当时的亚洲，整个电子商务界几乎都还没有开始起步，不然大会也不会花重金邀请一些老外前来高谈阔论。

既然老外居多，那么大会上所谈最多的当然是欧洲电子商务。当这些老外侃侃而谈，讲 eBay、讲亚马逊时，台下认真聆听的马云却不动声色地坐在一旁暗暗观察与思考。当轮到自己发言的时候，马云没有片刻犹豫用流利的英语说道："亚洲电子商务步入了一个误区。亚洲是亚洲，美国是美国，现在的电子商务全是美国模式，亚洲应该有自己独特的模式。"

这已不知是马云第几次语不惊人死不休了，从 10 岁开始就清楚地知道自己要什么的马云所说的很多"狂言"其实都是经过深思熟虑的。马云说："我经常会一个人想很久，我绝不是一个冲动的人。"

上帝给人两只耳朵、一张嘴就是要我们多听少说。而生活中，学会倾听是每个人都应该具备的素质。这不仅仅是对别人的尊重，也是对别人的赞美。

在亚洲电子商务大会上，当大家都在谈论自己的观点，陈述自己的见解时，马云却聪明地选择了旁观、倾听、分析他人的对话，然后结合自己的思考，从而冷静地分析把控当前的局势，在大会的最后一鸣惊人。这种善于倾听的方式，实乃马云的真正过人之处。

有句俗话说得好："听人言，知人心。"一个人要想与对方沟通顺畅，首先要听懂对方。善于交际的人不但有好的口才，还有善于洞悉人心的"听才"。

心理学家常常认为我们应该把自己的事情讲出来，但现在人们逐渐发现在与他人的交往中更需要忍耐和沉默，尤其是在商业或私人交际中，沉默也许是最好的选择之一。

所以，大家不妨养成认真倾听、分析、思考的习惯，这样不仅能锻炼我们的思考能力，而且往往能让你在人际沟通中获得成功。

8. 感同身受好说服

　　每个人的心都像上了锁的大门，任你怎样撬也撬不开。唯有关怀，才能把自己变成一把细腻的钥匙，进入别人的心中，了解别人。

　　古人云："口者，心之门户也。"然而很多时候，"会说话"≠"能说会道"。在规劝他人时，想要得到好的说服效果，那么就应该从"心"开始，因为能够设身处地站在他人的角度去思考，感同身受的劝服才会获得最佳效果。

　　马云的演讲口才一直为人津津乐道，如果我们仔细分析就会发现，每次演讲或者说服他人时，马云总是能够感同身受，站在对方的角度去思考，抓住对方心中那根弦，因此很快便能攻破对方的心防。下面便是马云在员工大会上的一段演讲：

　　"昨天晚上我有一点难受，我把难受的事情给大家讲一下。昨天我们市长讲话的时候，我发现我们很多的员工很不错，但是有一批员工还是在讲话，这让我难受。这么多年来在阿里巴巴的员工大会上，我们在公司内部的员工没有人打瞌睡、没有人讲话，大家都往前面坐。昨天不全是阿里巴巴的同事，可能也有雅虎的同事。我们希望能让大家骄傲，我们希望对市长尊重。昨天市长也尴尬，秘书长朝我看，我觉得这样会影响阿里巴巴在杭州的品牌和影响度。

"我希望今后阿里巴巴所有公司的员工首先要自己严格要求自己，往一个方向做，我们的价值观要让别人尊重。

"我不多讲战略。我希望全世界最强大的公司诞生在中国，诞生在阿里巴巴集团里面，这就是我们未来3年里的战略目标。然后过两天会开战略会，战略会后我会让每一个员工都了解我们的战略。

"另外我们团队的表现方式是请同事相信公司，公司相信同事，大家一起努力才能往前走。最后我想今天还有很多的活动，我也很激动，其实昨天晚上我淋雨也没有淋得很痛苦。"

有口才，不一定能成功；没有口才，肯定不能成功！从马云上面的这段讲话中，我们就能看出马云对员工的要求与希望。本来员工在这次大会上表现确实不佳，但是马云并没有提出批评，而是用很难过的语气表述自己对此事的看法，然后感同身受地表达了自己的意见，这样既保住了员工的面子，又传达了自己对于员工的期望。

用"同理心"去劝说他人，不仅能得到他人的理解，还能巧妙地触动他人心灵深处的那根心弦，这样的说服方式是最"无害"却又能达到效果的。完成对雅虎中国的并购之后，马云在原有的阿里巴巴、淘宝和支付宝的基础上，一下子又多出雅虎中国等数十种产品需要打理、整合。更要命的是，他已在有意无意间惊动了全世界最强大的竞争对手，它们既包括eBay、Google，也包括新浪、网易。这些公司都已经或正准备进军电子商务领域，马云和他的"阿里军团"正面临严峻考验。

2005 年 9 月，马云在杭州主持了并购雅虎中国后的第一次员工大会，这个时候，作为领导者的马云需要发表演说，他会怎样激励他的 3000 名员工呢？

　　　　"面临公司的高速发展，我提醒大家，在未来一两年内，我们公司可能有一些灾难，可能是整合的灾难，这种灾难会让我们感到痛苦、感到沮丧，甚至会让我们烦躁。阿里巴巴还太年轻，雅虎中国加入阿里巴巴之后，员工平均年龄大概只有 27 岁，这个年龄段的人激情来得快，去得也快，情绪化倾向严重。"

　　　　马云继续向员工呼吁："我希望大家冷静下来。未来两年不管发生什么事，希望大家都能留下来。我们是还很年轻，但时间不等人，我们必须边跑边干边调整。将来公司会保持 10% 的员工淘汰率，但只要不是罪不可恕，我都欢迎你们回来！"就这样，马云把自己的整合计划、游戏规则传达给新的公司，传达给 3000 名员工。

　　晓之以理、动之以情，不回避困难，而是直接告诉员工，让员工参与进来，一起解决问题。马云的目的就一个：让 3000 多名员工团结得像一个人，步调一致，一起向同一个目标奋勇前进。这个目标就是"伟大的公司"，通过这一目标，马云成功"燃烧"了 3000 人的激情，吹响了整合的号角。

　　实际上，说服他人并不是一件很难的事情，最关键的还是要看我们自己用什么样的方式。马云的这种"同理心"我们完全可以借用，尤其是在一些特殊的场合，想要成功地快速说服对方，那么"感同身受"便是再好不过的方法。

第五章

成功的演讲，必须饱含激情

1. 激情源自自信

一名知名企业家，需要具备特立独行的精神，而马云自信不自负的性格似乎早已预示着他未来事业的成功。可以这么说，马云的信心指数是一个优秀的商业领导人所需要的最佳水平——自信而富有激情。

阿里巴巴从成立以来一直备受质疑，但马云用事实证明了自己决策的正确，用实实在在的成绩使投资商心服口服。在大量的商谈与竞争合作中，即便是遭遇了最寒冷的冬天，马云依旧激情不退、自信不减。

1995年4月，身为杭州十大杰出青年教师之一并担任学校驻外办事处主任的马云，毅然放弃了在学校工作的光明前途，找来一个学自动控制的创业伙伴何一冰，加上自己的妻子张英，三个人租了一间办公室，把家里的家具搬到办公室，再借了点钱，就投身于未知的互联网，开始了他们的创业之路。当时马云的很多学生不理解，周围的朋友也不大理解，同事家人更是无法理解，大家都觉得马云疯了。但马云有自信，他相信自己看好的东西。

在 eBay 与易趣强强联合，占领了中国 80% 以上 C2C 市场份额的时候，马云却宣布进军 C2C 领域，打造淘宝网，这种不自量力的行为让人们再次认为马云疯了。但马云有自信，他相信自己看好的东西。

结果，马云一次又一次地成功了，曾经不被大家看好的B2B模式使阿里巴巴成为中国互联网上第一个盈利的企业。而淘宝只用了不到两年时间，就打败了强大的竞争对手，稳稳地占据了市场第一位。

心理学家史蒂芬·柯维曾告诫我们："人们对待生活的心态是世界上最神奇的力量，带着热忱、激情和希望的积极心态投入到生活和工作中去，能将一个人提升到更高的境界；相反，带着失望、怨恨和悲观的消极心态，则能毁灭一个人。"

聪明如马云，在对待生活与工作时，他始终都充满了热忱与自信，这种自信让他一旦选择了自己的事业就马上满怀激情地投入进去，用热情消除前进途中的困厄、障碍，因此他能够取得事业上的成功。

然而，生活中许多的愚者在对待生活和工作时，总是缺乏激情，他们没有自己真正喜欢的事业，往往是这山望着那山高，生活中稍遇挫折便心灰意懒，工作中稍有不如意，便怨天尤人，等到多年后蓦然回首，却发现自己一事无成。

生活是一个需要"high"的过程，从马云用这种"high"为自己打拼出来的这条路中我们不难看出，在成功这条路上如果有激情与自信相伴，那么我们怎么可能会产生被动情绪，从而攀登不到人生的巅峰呢？

马云曾经在对员工的演讲中发表过这样一段感言："伟大和不伟大之间的区别是什么？一个伟大的人，在对每个人来讲都是最痛苦的时候，大家都要死的时候，他能再往前挺一步，人家倒下去，他还站在那儿。大部分人说我这么富，我这么有钱了，该转弯了。只有这个人说我还要往前挺一步，往前挺一步的那个人就是伟大的人。这就是他跟平常人的区别。

"你们比绝大多数的人厉害和伟大，是因为当时加入进来的那么多人都放弃了，你们没有放弃。既然不放弃，为什么让自己不再往前走？

"一旦 drop out（退出），那就没了。今天回过头去看看，当年离开的员工跟你们之间有很大的区别，这个区别不是钱的区别，而是对文化认同的区别、对团队认同的区别。有老人跟我讲其他员工比我们能力强多了，未必。

"这是我今天想跟大家讲的，感谢大家前面几年的努力，后面的路更长，如果你们相信公司、相信自己，也相信我们这些人，我们再一起战斗 5 年，5 年以后我们看看可不可以成就这么一家公司。"

自信的人似乎总是相信自己能战胜一切，自信的人也不会被生活打倒，就像很多时候激情就是自信的源泉，一个人对生活充满激情，那么即便遭遇了挫折，他也能如马云所讲的那样勇敢地向前挺一步，人家倒下去，他还能站在那儿。

很多时候，一个成功的人与失败的人最大的区别就在于他对生活的看法，如果他能够时刻保持对生活和工作的激情，在任何困难面前一笑而过，坚持地一路走下去，那么还有什么能打倒他呢？

因此，不论是年轻人还是依旧在成功路上拼搏的人，都应该随时保持自信与激情，这样你们才会在打拼的路上一路"high"到底。

2. 马云的"豪言壮语"

在谈话过程中，如果一个人总是喜欢独奏，老是将话题的重点放在自己身上，那么不仅会让谈话变得单调无趣，同时也会招来对方的厌恶。

马云的豪言壮语会让很多人热情澎湃，但是只要我们细心观察就会发现，不论演讲、谈话时他内心有多么炙热，他谈话的重点都没有过多地放在自己身上，而是站在一个团队的角度，用纵观全局的方式来讲解通往成功之路的方向。

马云曾有这样一番谈话：

"你是阿里巴巴的员工，你拥有很多股票，身家上百万，人家看你的眼光彻底不一样了，但是你没变，你还是你。

"我说阿里巴巴今年跟去年有什么区别？没区别。今年股票两百五十多亿美元，今年我们看起来很伟大的样子，去年其实也差不多。有没有区别？没区别。说你变了，没变啊！

"我们今天是两百多亿美元的公司，我们的股票三十几块钱。我们要很理性地知道我们值多少，我们还是昨天的我们，但我们责任更大了，我们以前干好就是对得起两三个股东，今天光香港本地就有 19 万股民买我们的股票。

"在美国，整个的机构投资者有 1300 多家，其中 600 多家以前从来没有买过中国或亚洲的股票，但现在却来到亚洲买我们的股票。这是老外对中国人的信心。如果我们失败了，这是责任。

"但是我们没有变化，千万不要觉得我们已经富裕了，也千万不要认为我们就是两百亿了。我们股票很高，看似很有钱，这跟当年万元户没有区别。"

这段话是马云在阿里巴巴的员工会上所作的一番演说，为鼓励阿里巴巴成员奋进，马云现场为员工们清晰地剖析了公司的整体形势，从宏观角度出发，给大家带来新的动力。马云的这段话，整体的出发点都放在"我们"这两个字上，而且并没有用"我的公司"或者"我的阿里巴巴"来向职员讲解努力的重要性，如果马云那样说话，就完全失去魅力了。

豪言壮语，可以测量一个人怀有的热忱，是要给别人带去更多的希望的，但是如果总是以"我"为中心地去讲话，那么听话的人不但会感觉不到你的诚意，甚至还会觉得你没有照顾他的感受。

在马云语录中，曾收录这样一段话："什么叫没钱？不是说你饭都吃不饱了。如果真是那样，你不如去救济站领取城市最低生活保障来得实在。如果你做网站就是为了赚融资，准备'花美国股民的钱'，那也要假设一个融不到资的情况，毕竟你的部下、你的兄弟都在看着你，以你马首是瞻。你自己爬不好摔死了是你活该，但是砸死一堆兄弟就是你的不对了。"

豪言壮语可以说，但是要想收到良好的效果，那就要设身处地替他人着想。在上面这段话中，我们没看见一个"我"字，但是马云却能够切中要害，将问题的中心点提炼个透彻。

3. 善于使用肢体语言

大家知道阿里巴巴员工眼中的马云是什么样子的吗？"他的演技远比演讲来得好""丰富的肢体语言加面部表情，能把黑的说成白的，坏事说成好事""顽皮中略带天真，精灵中略带诡异"……

顽皮般的乐观直爽，精灵般的活跃思维，诡异的为人处世，这便是阿里人眼中的马云。尤其是在演讲时，马云收紧两腮，握紧拳头，激动之处两手张开的肢体语言，在阿里员工心中留下了深刻的印象。

2010年12月，马云出现在北京对外经贸大学的图书馆报告厅，与来自全国各地的大学生和青年网友热烈交流，分享创业心得。

马云出场的装扮很普通，明黄色的套头衫，黑色的休闲裤，但是马云刚一上场就赢得了在座人士经久不息的掌声。尽管主持人王利芬特别介绍，马云最近生病了，是带着浑身的疼痛来到现场的，但站在台上，马云却依然神态轻松，妙语连珠，并且用丰富的肢体语言和灿烂的笑容展示着他的活力与亲和力。

在活动一开始的"快问快答"环节，面对观众此起彼伏的提问，马云几乎不假思索的回应让人们看到他一如既往的自信和敏锐。

观众："您最希望拥有哪项才华？"

马云："我最希望我对任何困难都能够不担心，对任何快乐我都不会迷失自己。"

观众："请问您最恐惧什么？"

马云（笑）："我最恐惧什么？好像没什么东西我最恐惧。"

观众："请问您对自己的外表哪一点不满意？"

马云（抬手）："年轻的时候我挺不满意，现在我都挺满意。"

观众："对于男性身上的品质您最喜欢哪一个？"

马云："乐观地看待世界。"

观众："您最喜欢女性身上的什么品质？"

马云（微笑，眼神和蔼）："乐观地看待我。"

马云犀利的眼神、笃定的语气以及丰富的肢体动作，似乎已经成了他固定的媒体形象。每当他演讲时，眼睛中所透露出的光亮都像在释放诱人的信息般吸引人注意。通过这些丰富的肢体语言，马云在演讲时不仅形成了强大的气场，而且还让台下的听众激情澎湃。

其实很多时候，人们可以借助手势来表达一个人的内心情感和欲望，因为某些激励的情感和欲望很难用语言表达，但是如若用肢体语言，那么表达起来就会容易。可以这样说，肢体在很多时候比嘴巴更会"说话"。

我们可以看到，其实有很多名人在演讲时，都会借助肢体语言来加强演讲效果，有的夸张搞笑，有的严肃认真，对于一些高明的演讲者来说，肢体语言就是演讲者的第二张脸。

在阿里巴巴的内部演讲中，马云常常激情高昂，而正是这些丰富有趣、略带夸张的肢体动作，让马云的演讲变得生动活泼，不仅能使听众心情愉悦，还能活跃现场气氛。

　　因此，在不同的场合和空间，我们应该学会使用不同的肢体语言来表明自己心中的想法。如果你正在参加某场演讲比赛，那么不妨认真去琢磨一下马云每一次演讲的表情与肢体语言吧，相信你一定能调动现场的气氛，为自己赢得满堂喝彩。

4. 说话动听的技巧

　　一个人说话能否压台，能否振奋人心，其实主要取决于两个方面：内容和技巧。要想让自己的话语能够打动对方，那么我们就应该多学习些说话的技巧。

　　在说话方面，马云可谓是强手，他的每次演讲似乎都能取得振奋人心的效果，他的话中总是携带着一种能量，这种能量主要源于他的亲身经历。将真情实感融进演讲中，不仅正好说中了听众的心声，还能带动听众原本迷茫的心，使其找到情绪可以正确宣泄的出口。

　　下面便是马云在阿里巴巴员工大会上，对一些新进的年轻员工做出的一番告诫：

　　　　"10 年以前我鼓励阿里巴巴所有的年轻人，我说买房子去，赶紧买房子。老的阿里人都记得，每次吃饭我都给大家讲。我是1992 年买的房子，而且我那时候鼓励他们，要买超过 40 平方米的房子。你自己只能买 30 平方米的话，借钱也要买 70 平方米，你只能买 70 平方米的话，借钱买 100 平方米。那时候我鼓励大家买房子，但是现在我鼓励大家不要买房子。

"我讲这个可能有些人会不高兴，但是我讲真话。拉动内需我们靠房地产的时代已经过去了，房地产真正要起来，需要拉动房租，让房租起来。我想劝所有的阿里人，今天不要买房子，去租房子。

"我现在比较担心。我看到全国好多城市，像杭州算是比较富裕的，经济比较稳定，形势比较好。现在我看电视，出台了一系列房地产政策，这些政策都是鼓励大家买房子，鼓励贷款，但是我认为这是非常之危险的。现在为什么买房子？买房子是因为你对自己有信心，对未来有信心，对经济、对自己的工作有信心。假如你今天因为房价便宜、按揭便宜买了房子，假如明后年经济非常之糟糕，很多公司关门倒闭，你没有工作了，房子买在那儿你怎么办？这些问题大家要看到。"

语言的表达能力是现代人才必备的基本素质，尤其是在演讲中，能够将话说得动听，能够紧紧抓住听众的注意力，那么必然能打动听众。动听是因为触景生情，不单单是因为听到了，更重要的是"领悟"到了。观众听演讲，是在用心听，如果你能够抓住观众内心的需求，并且完美地表达出来，那么你就成功了。

马云的演讲，很多时候似乎都有一个共同点，就是他总能将一些感人至深的经历与想法融进去，无论是生活中的事情，还是自己打拼过程中遭遇的挫折与艰险，他都能讲得十分吸引人。

下面我们来看马云在斯坦福大学所发表的演讲：

"今天，大家总是在写关于阿里巴巴的成功故事，但是我并不真的认为我们有多么聪明。我们犯了很多错误，当时我们还是很愚蠢的。所以我在想，如果哪天我要写关于阿里巴巴的书，我会写《阿里巴巴的一千零一个错误》，这才是大家应该记住的事情，应该学习的事情。

"如果你想知道其他人是怎么成功的，这是非常难的。成功有很多幸运的因素。但是如果你分析别人是怎么失败的，你就会受益很多。我总喜欢看那些探讨人如何失败的书，因为，当你仔细去分析的时候，任何失败的公司的失败原因总是不尽相同。而这才是最重要的。所以淘宝成功了，接下来我们做了支付宝，因为大家都说中国没有信用体系，银行很糟糕，物流很糟糕，你为什么还要做电子商务？

"今天，我不是来这里跟大家说我的生意经的，我没有准备PPT，因为我没有股票要卖给大家。但是我想正因为中国落后的物流、信用体系和银行，我们才需要有创业精神。这就需要我们创建自己的蓝图。所以我相信这个事情是你先做了，然后慢慢地就成了中国的标准。我记得6年前当我来美国的时候，我说我相信5年以后中国的网民人口会超过美国。人们说，不会的。然后我说，你们的人口才3亿，中国有13亿人口不是吗？如果让你们有4亿人口，没有人口死亡，人们还要不停地生孩子，你们需要50年的时间才有13亿人。我们只需要5年时间，所以这只是一个时间的问题，不是吗？我们走着瞧。

"今天，中国网络用户的数量超过了美国。然后人们说为什么你们的购买力这么低？我们5年后再说。今天，人均消费大概只有每月200元人民币。5年以后，这些人会消费2000元。而且我们很有耐心，我们还很年轻。我是老了，但是我们员工的平均年龄才 27 岁，他们还很年轻，所以让我们期待未来。"

通过马云在斯坦福大学的这番演讲，不难看出马云说话的魅力，由自己的亲身经历所发出的这番感悟，便是马云的口才技能，也是他说话动听的原因所在。

5. 做个会讲故事的人

中国诺贝尔文学奖获得者莫言是一个"会讲故事的人"，在诺贝尔奖颁奖典礼上，他曾用穿插叙事的口吻将自己的故事融入演讲中，受到各国人士的青睐。如若我们在演讲中也能巧妙地加进几个生动的小故事，是否也会产生同样的效果呢？

其实，马云的演讲之所以能够一直充满魅力，就在于他摆脱了公式化的束缚，没有用材上的犹豫。那种谈吐之间感情的自然流露，更像是一场他自己的演出，所以他的演讲颇受好评。

马云在员工大会上的一次讲话："我们当年为了竞争做过一些动作，这些动作这么多年下来，后面的人不知道为什么要这么做。黑暗之中行军很有意思，前面的人跳一步，其实下面什么都没有，后面的人也跳一步。前面那个为什么跳一步？因为他腿上被蚊子咬了一下。

"我们的流程有没有问题？我们的习惯思维有没有问题？我们敢不敢挑战我们一直认为对的东西？什么是要挑战下去的？什么是老鸭煲？什么是'撒手铜'？当然改来改去不能把我们的'撒

手铜'改掉。

"最后讲一个故事：20 世纪 70 年代末我在杭州学英文，在西湖边上，老外说你们广播操很好，我就教他们广播操。教完之后我回过头来看看，他们也回过头看一下，我一笑，他们也一笑，我弯了一个腰，他们也弯了一个腰。

"第二天表演，所有人做这个动作的时候，所有人都转回头，笑了一笑，弯了腰，这个就是习惯。你前面一贯认为对的东西，也许当时是出于我们竞争的需要，当时做这个动作的时候傻傻的，于是越来越傻，越搞越大。

"我们问：为什么这么多年来我们没有进步，阿里巴巴网站这几年来没有重大突破？现在彭翼捷这边和卫哲这边战略很清晰，也开始采取措施，但是重要的是每个人 take action（行动）、挑战，因为我们太封闭了，这么多年的行为要改变是累的。我讲一个笑话，两夫妻生了一个孩子，一个星期都想不出一个名字，然后爷爷一脚踢进门来说：'你们不要想了，根字和宝字都要有，其他随你们挑。'那只能是根宝了，你已经限制了，姓徐也不能改，那就是徐根宝，要么就是徐宝根。我们今天也是这样，凡事都在这里，那改是没有希望的。"

故事是生动、活泼的，如果能放在演讲中，不仅能调动现场气氛，更能让听者心生愉悦。大的道理其实我们每个人都懂，只不过演讲中所呈现的那些公式化的大道理过于繁多，听众的激情就会消退，觉得枯燥无味了。演讲最重要的便是要有自己的特色，也就是马云所说的"做你自己"。当你根据自身风格制造出属于自己的一套演讲风格时，那么你的演讲就会符合你的个人形象特点，演讲就会变得活泼起来。

2008 年 12 月 6 日，在"企业家"年会上，马云就当年的经济危机作了演讲。正好那天早上他的助手给他买了份报纸，报纸上说北京的某个湖里有一只鸭子被冻住了，而且还有照片。于是，马云便将这只鸭子作为自己这次演讲的开始。

"今天北京的报纸上登了一只大傻鸭，被湖面上的冰给冻住了，因为它没有料到今年的冬天会这么冷，而那些有准备的鸭子提前上了岸，于是就安全了……金融风暴也是如此，来了并不可怕，可怕的是没准备……我说过金融风暴最黑暗的时期已经过去，那是因为半年前阴云密布而大家浑然不知，那是最可怕的。现在虽然雨很大，但大家都在关注，就会慢慢好起来了……"

故事、案例能够信手拈来，已经成为马云的演讲风格。很多时候，这些有趣的故事或者引人深思的题材都是马云事先所准备好的。本来经济危机是一个颇为严肃的话题，但是马云却恰到好处地用故事生动地指明了大家发现危机的迟钝性，让这次演讲变得吸引人。

会讲故事其实本就是一种才华，如果我们能将之运用到说话的方式中，那么定然会得到他人的喜爱，因为没有人愿意去碰一个毫无温度的话题，也没有人愿意花时间去听一通死气沉沉的大道理。

6. 最有力量的短句

在演讲时总有一些"不言而喻"的情境和语境，这个时候，表达便可以借助非语言传播手段（语调、语速、衣着、手势、表情等）。所以，尽管句子简短，仍能细致地传情达意，而且语言精简有助于记忆，演讲能收到很好的效果。

演讲时用短句、多用定义而不用推理、带进情绪等是马云的演讲秘诀。正如林语堂的那句名言"演讲要像女人的迷你裙，越短越好"一样，马云演讲时，句子总是精短且颇具力量。

下面便是2009年马云在杭州黄龙体育中心的一次演讲，我们抽取其中一部分精湛的语句段落给大家阅读：

> "我想我首先要感谢我的同事，那些创业者，感谢他们信任我，无论发生任何事情，他们总是坚定地站在我后面。我也感谢在座所有的阿里巴巴同事，是你们的坚强精神让我们走到今天，感谢大家。
>
> "我感谢所有阿里巴巴的客户，他们帮我们成就了阿里巴巴的梦想。我记得9年以前有人认为，阿里巴巴的商业模式、阿里

巴巴提供的服务就像把一个万吨油轮抬到喜马拉雅山上。我要感谢在座的阿里巴巴人的家属，没有你们的支持，阿里巴巴人就不可能夜以继日每天晚上干到十一二点甚至次日凌晨两三点，为了一点点程序，为了一个问题，为了一个客户，日夜为之奋斗，感谢你们。我当然也感谢我们的投资者，没有他们的信任我们不会走到今天。我更要感谢的是我的很多朋友，这些朋友包括很多政府官员。今天我们在这儿有很多阿里巴巴的朋友，很多是政府官员朋友，他们不仅仅是政府官员，他们更是我们的朋友。对于他们对电子商务的信任，对阿里巴巴的信任，对中国中小企业的信任，我由衷地感谢他们。

"我要感谢的人很多，这几天我想了很多的人要感谢、很多的人要感恩，包括杭州的出租车司机，杭州西湖上划船的船工，没有他们的支持，没有他们不断地宣传阿里巴巴，没有杭州市民支持我们，我们不会有今天。所以感恩是阿里巴巴 10 年以来心里永远记着的事情。我记得在 9 年之前，在阿里巴巴的 100 名员工大会上说：'我希望阿里巴巴成为杭州的骄傲，我希望杭州的老百姓愿意把自己的孩子，把自己的男朋友、女朋友、丈夫、太太送到我们公司来，让我们的公司越来越大，不仅成为杭州的骄傲、浙江的骄傲，甚至成为中国的骄傲和世界的骄傲。'今天我们刚刚开始，后面的路还非常之长……"

在坐着 27 000 人的黄龙体育场，马云 40 分钟的激情演讲是发自内心的，一个接一个的短句，遒劲有力，就好像是在战场上，总指挥在给战士们打气，那种声势的确令人热血沸腾。在阿里巴巴十周年晚会上，员工的激情和热情不是装出来的，是真实的。

无论是有准备的演讲还是即兴演讲，其实都是说话，而要想这话能被大家铭记于心就不能太烦琐、太复杂。因为在演讲中，听众根本没有时间反复推敲和琢磨演讲者的话，因此对听众而言，短句便是最适合的句子了。

　　运用短句来演讲，通常有这样几个好处：一、可以更加明确地表达自己的主旨，而观众更不需要进行任何揣摩或者猜测便能轻而易举地明白演讲内容，这样现场的气氛也会变得更加轻松；二、短句的样式比较多，采用的修辞手法也比较多，例如对偶、排比等，如果能将这些短句合成一个整句，那么就会让表达更具紧凑性。

7. 有效激励下属的干劲

激将法往往能够使对方冲动，从而使被激者在激动之中来不及考虑太多就答应了。在对员工演讲时，马云经常会使用这一招以振奋员工的斗志，重新给他们补充激情与干劲，从而为公司增添新的内部活力。

事实上，不论在公司还是演讲会上，马云的心中似乎永远都是阳光普照的，因为他总能时刻保持一股新鲜的活力与激情。尤其是当他为自己的员工鼓劲打气时，更显现出了其中所含的那份热忱与激情。

和马云在一起待过的人几乎都认为他的口才"实在是太好了"，好得让人对他的话总有些将信将疑。马云第一次到央视录制节目时，某编导就认为他夸夸其谈，"不像好人"。而阿里巴巴之所以能够不断地吸引外来人才加入，除了其本身的吸引力外，马云不断地"洗脑"也是一个重要因素，有媒体称为"精神控制法"。

1999 年，马云决定回杭州从零开始，创办"阿里巴巴"网站。那时，他对北京的伙伴们说："愿意回去的，只有每月 500 元的工资；愿意留在北京的，可以介绍去收入不菲的雅虎或新浪。"他说给他们 3 天时间考虑，但不到 5 分钟，伙伴们一致决定跟他一起回杭州创业。

在阿里巴巴刚成立时，在杭州湖畔花园的马云家中，他曾慷慨陈词："从现在起，我们要做一件伟大的事，我们的 B2B 将为互联网服务模式带来一次革命！你们现在可以出去找工作，可以一个月拿三五千的工资，但是 3 年后你还要去为这样的收入找工作。而我们现在每个月只拿 500 元的工资，但一旦我们的公司成功，就可以永远不为薪酬所担心了。"

激励是以语言信息的作用力作为刺激，引导对方按照说话人的意向思考问题，这就是俗话说的"请将不如激将"。很多时候，在多次正面劝导、说服仍无效的情况下，运用反面激将法可以很快奏效，正如马云的激将法让员工们心中升起了正能量。

生活中，如果我们能够通过真诚的赞扬来激励对方，并且向对方说一些鼓励的话，那么对方会自然地显示出友好和合作的态度来。激励之于人心，如阳光之于万物。在我们的生活中，人人都需要激励，因为经常被激励的人会感到自身价值获得了大家的肯定，有助于增强自尊心、自信心。下面是马云在一次员工大会上发表的演讲：

"我希望以后我们的 IT 领导人才诞生在我们的大厅里面，我们要成为 IT 的'黄埔军校'。我希望我们所有的员工努力，为此而努力。

"我想在整合的过程中请大家互相谅解，给予支持。这个公司高速的发展，使得这次整合很难，这次的难度比大家想象的难，很多员工不了解。我发现雅虎跟 3721 并没有整合好。我要雅虎、3721、一拍、阿里巴巴、淘宝、支付宝，还有 8 家公司的整合都要完成。这8家公司有三四家是一样的，有两家完全不一样。这种文化的整合，中间产品该不该做，做怎样的产品，我们的文化怎么样，使命感怎么样，价值观和老外不一样，还有听不懂的各种国家语言，这些事情都会让我们有痛苦，这些事情都会让我们感到沮丧，都会让我们感到烦躁。大家冷静下来，两年以内我们有一个请求：所有在座的人，未来两年不管发生任何事情，我还是想提到一个同事，他还能坐在上面，5年以后做销售的时候，他说除非你开除我，我一定不离开这个公司，我坚守在这儿。我希望两年以内无论发生任何事，大家坚信这个公司的目标是正确的，坚信阿里巴巴将创办全世界最伟大的公司，坚信我们公司的管理层，只要团结起来就一定能把事情处理好。我们公司有很多问题，包括很多制度的问题。我们的干部很年轻。我发现我们绝大部分干部都是只当了一两年的干部，有些大学刚毕业没几年，怎样帮助别人成长？自己怎样成长都是问题。"

一切美好的东西都来自太阳之光，没有太阳，花就不能开放，而激励便是这一束阳光，能够让人们看到新的希望。激励他人，也能随时给自己保留一份激情，这样自己也能永不懈怠，勇往直前。

8. 毫不吝啬赞美

生活中，我们听到过不少赞美的语言。"赞美"有时候不仅能改善人际关系，而且还能改变一个人的精神面貌和情感世界。因为通过赞美，我们既能得到他人的尊重，还能让自己感到愉悦。

在阿里巴巴，马云对于员工从来都不吝啬自己的赞美。因为在马云的眼中，一个有梦想并且为了梦想而努力奋进的人，是值得表扬和称赞的。在马云的眼中，阿里巴巴的那些老员工都是"值得尊敬的聪明人"。

2007 年，马云出席了互联网年会，在会议上马云首次阐述了自己在网络交易平台上创办阿里巴巴的初衷，并且一再强调是为了感恩当年支持淘宝与阿里巴巴的中小网站。

马云在会议上说，淘宝的成长与无数小网站的支持是绝对分不开的。马云直言，淘宝网刚开始起来的时候和 eBay 竞争，eBay 企图扼杀摇篮中的淘宝，通过排他性协议阻止淘宝在门户网站投放广告。为了生存下去，突破围剿，淘宝只能另想他法，其中一个方法就是在"互联网的农村"——中小网站上投放广告。"所以淘宝有今天，不能忘记当年在'井冈山'和'延安'帮助过我们的老乡。"

正是因为在中小网站上投放广告，淘宝才能认识到中小网站在互联网当中所具有的价值。马云认为，中国互联网和全世界互联网不应该都被大网站垄断，否则就丧失了互联网的精神。阿里妈妈就是要发掘中小网站的价值，把它们培养成中国未来的国际大网站。

在会议上，马云还赞扬了雅虎中国的搜索团队为阿里妈妈的成功所做出的巨大贡献。马云十分感谢当初雅虎为支持阿里妈妈专门派往杭州的那些精英团队，可以说阿里妈妈的后台系统和研发，他们是最早参与其中的。作为一个面向中小企业的开放透明式网络广告平台，其投放广告的精准匹配程度是核心价值所在，也是广告主最关心的问题，而这个问题的最佳技术解决手段就是搜索。

赞美他人最重要的一个条件，便是要怀有一颗诚恳的心以及认真的态度。因为很多时候，言辞会反映一个人的心理。另外还要注意的是，当我们在赞美他人时，不可讲出与事实相差十万八千里的话，那样只会让赞美的话变得虚假，反而让人听上去不舒服。

对于雅虎团队为阿里妈妈所做出的贡献，马云在大会上表示了诚挚的谢意。而对于那些当初对阿里巴巴给予过支持与帮助的大中小型网站，马云更是难以忘怀。因为在阿里巴巴最困苦的时候，正是有这些团队和网站的支持，马云才得以带领公司员工一路走到现在。

下面是马云在跟公司"五年陈"员工交流时的一段讲话：

"我跟大家讲，8年以来或者说5年以来，我们这些人中，可能有些人想，反正也没有地方去，在阿里巴巴待着挺好的。我不敢说是80%，至少40%的人会觉得我也没有地方去，有一个工作做做就好，反正在这个公司总能够混下去的，于是稀里糊涂待下去。那些认为自己很能干、应该得到更高待遇的人都走了。那些认为在别的公司肯定能够得到更高的工资，得到更高的职位、更多股权的人都走了。这些都是自认为很聪明的人，而我们这些自认为不是很聪明的人，留了下来。

"我们今天得到了一点点的好处，但我还是想跟所有的'五年陈'讲，我们只是比别人多了一点点运气。我们在这边的人，最低的有没有低于1万股、2万股的？凭什么我们可以变成百万富翁，就因为在阿里巴巴干了5年吗？而且这5年以内，我们也没有被亏待，公司没有亏待我马云，公司也没有亏待任何员工。你说你勤奋，我说比我们勤奋的人，别说在中国，在杭州都不知道有多少，比我们聪明的人就更多了，凭什么？

"如果我们觉得我们太能干了，这么有出息，那我觉得我们全错了。我要感谢的是这个时代，我们真的应该感谢这个时代，感谢中国、感谢互联网、感谢电子商务，当然也要感谢我们大家，我真的感谢你们。我们这些人在坚持，你们对我们的信任，你们对大家的信任，公司管理层对你们的信任，这些到现在终于收获了一些东西。

"我不知道5年以后，在座的有多少人还会留在这里，我也不知道15年以后有多少人还坚持留在这个公司。我希望有20年的员工、30年的员工、40年的员工。我不知道会不会有。"

马云是发自内心地对员工的赞赏与感谢，这样的话不仅打动了在场的每一个员工，同时也让员工认识到作为一个阿里巴巴人所要肩负的责任。

一个懂得感恩的人不仅有颗诚挚的心，还会赢得他人的喜欢。而在赞美他人的时候，你表现得越是坦诚，那么你所说的赞美的话就越会有效果。所以，不要吝啬你的赞美，用"赞美"去回馈你周围的世界吧！

第六章

自信，才能说好话

1. 一个男人的才华和容貌是成反比的

有句话说得好："人不可貌相，海水不可斗量。"一个人也许不能选择他的出身、长相，但是却可以选择他的思想、他的未来。

有网友曾经用"怪异"来形容马云的相貌，但是这却丝毫不妨碍他取得令世人瞩目的成就。媒体也曾经评价马云为互联网界的"疯子"，但是马云依旧按部就班，对外界的评价一笑而过，似乎不论受到什么样的嘲笑与讽刺，马云都能信心满满，从容应对。

18 岁那年，马云第一次参加高考，结果数学考了 1 分。落榜后的马云觉得自己根本不是上大学的料，便准备去做临时工以补贴家用。在一位表弟的引领下，他先去西湖边一家宾馆应聘，想做个端盘子洗碗的服务生，结果陪他一块去的表弟被顺利录用了，而他自己却遭无情拒绝。

宾馆老板的理由令人啼笑皆非：那位表弟长得又高又帅，而马云长得又矮又瘦又难看。马云只能暗叹：原来长得不好，也是错。然而时隔多年，如今的马云不仅大红大紫，还成为互联网界的 No.1，而他这位表弟至今还在一家饭店的洗衣班里，做一名普通的洗衣工。

的确，魁梧的身材、英俊的外表，这些都与马云相去甚远，但是马云并没有被外在的劣势击倒，反而自信地为自己的未来拼搏出了更多的光彩。

在美国著名的《福布斯》杂志中，马云曾被描述为"深凹的双腮，扭曲的头发，淘气的露齿笑，5 英尺高，100 磅重的顽童模样"。当马云在香港的大街闲逛，无意中从地摊上发现自己上了《福布斯》杂志封面之后，他"如梦初醒"地说："直到看了这期《福布斯》我才知道自己原来那么丑。"但即便是这样，马云也是中国大陆第一个登上《福布斯》杂志封面的企业家。

一个人未来能否成功与其相貌没有必然的联系，成功的男人必定是自信的，自信的人才能有条有理地表达自己的见解，进而让对方打心眼里佩服你、相信你。

马云曾经在一次公众演讲中讲过这样一句话："一个男人的才华和容貌是成反比的。"这句话在业界轰动一时。

在一期《对话》节目中，主持人调侃马云道："当时这一句话一说出来，我看到很多人低下了头，我猜他们肯定在埋怨，自己的父母亲怎么把自己生得那么英俊。"马云并不客气地回答道："对，现在已经不太有人说自己长得有多么帅了。我这次从欧洲刚回来，在欧洲好像也有人看见这个演讲，然后所有人都说你觉得我长得丑不丑？"

当主持人请马云在现场评价一下自己的才华与容貌时，马云说："好，好，交流，交流，反正我一直觉得我自己给很多人很多信心，长得丑没关系，但你要不断地完善自己，不断地去学习。然后，一般来说长得漂亮的人本钱多了，就不愿意做学习上的投资。所以像我们这样的人没办法，只能多努力一点。"

拿破仑·希尔曾说："有很多思路敏锐、天资高的人却无法发挥他们的长处参与讨论，这并不是他们不想参与，而是因为他们缺少信心。"一个人如果想让公众认可自己，那么最重要的一点便是要心怀自信。

在交际中，很多人都渴望自己能拥有良好的口才，而在实际谈话当中又不能很好地发挥自己的口才。当他们说服别人希望自己得到认可的时候，话语无吸引力，很难打动对方。这些情况很常见，他们并不是说服能力差，而是缺乏相应的自信心。

自信是口才的驱动力，也是实现自我的王道。如果我们每个人都能如马云一样，不论任何时候都能在谈吐间充满自信，那么定然能为我们增添一份光彩。

2. 相信自己，不怕质疑

实际上，我们每天都是在不断拒绝与赞成之中度过的。但是无论你遭遇的现状有多么差，你所面临的情形有多么糟糕，请记住："坚信自己，不怕质疑。"

马云曾经感慨至深地说过这样一段话："阿里巴巴从成立以来一直备受质疑，从8年前我做阿里巴巴的时候一路被骂过来，大家都说这个东西不可能。不过没关系，我不怕骂，在中国反正别人也骂不过我，我也不在乎别人怎么骂，因为我永远坚信这句话——你说的都是对的，别人都认同你了，那还轮得到你吗？你一定要坚信所做的。"

说话的时候，除了必要的激情之外，最重要的便是坚守自己的信念，只要信念不倒，那么你就会有反败为胜、走出困局的一天。就像马云，任何时候，他都充满信心，并经常在任何场合将自己的信心传达给自己的员工。

"我不是第一次来参加站长大会了，这次我站在边上跟你们一样，在十年八年以前我参加各种论坛，我坐在那里倾听别人，并不是为了获取什么而去倾听，听别人成功和失败的时候，我会反思回去做什么。学习别人成功的时候，一定要花一点时间学习别人是怎么失败的，有哪些错误。只有你相信你是站长，只有你相信你可以影响很多人，你才能影响很多人。什么是最近流行的话？就是心有多大，舞台就有多大。真正的是你的责任心有多大，你的舞台就有多大。你愿意为1个人承担责任，你就是自己；你愿意为10个人承担责任，你就是经理；你愿意为几百万人承担责任，你就是市长；你愿意为十几亿人承担责任，你就是总书记。希望一定是需要时间和付出大量的代价的，这些代价到了一定程度的时候，你就一定可以。不是所有人都可以，但是一定有人可以，在这个房子里面一定有人可以。我想我是尊重大家的，因为你们比我强大太多了，中国的希望一定是在你们的身上，而我们这些人是在靠守势维护。淘宝不要倒，阿里巴巴不要倒，而你们还在发展、在成长之中。谢谢！"

在工作和事业上，敢于说话又善于说话的人，可以充分利用自己的语言交际能力来说服他人，使工作顺利进行。说话的自信与说话的魅力究竟有多大，往往是决定一个人事业规模的关键。

实际上，我们每个人都能成为一名成功的演讲家，只要我们每个人都能在谈吐上充满自信。因为一个自信的人，往往会有好的精神面貌，这种面貌会使听者得到视觉上的满足，那怎么能不吸引听众的注意呢？

在杭州师范大学2011级新生的开学典礼上，马云就作了这样一番自信的演讲：

"我去过很多大学，哈佛也好，MIT（美国麻省理工学院）也好，还有北大、清华。我都以杭师大为骄傲，我一直说这是最好的学校。因为，好与不好很多时候不是别人怎么看，是你自己怎么信的。

如果你觉得自己不好，你就没有好的机会。

　　"在世俗眼光里，我们杭师大确实跟北大、清华有距离，但正因为有距离才给了我们机会。假如我当年考进了北大，就没有现在的马云了。因为杭师大才给了我这样的机会。我自己也想，今天这个开学典礼不是为了庆祝我们曾经诞生了多少校友，而是我们希望能够产生更多、更好的校友。而这些校友就来自这里，就坐在下面。因为你信，你才有机会；如果你不信，你一点机会都没有。"

　　马云的演讲很亲切，也很有说服力，通过自己对母校的自信来赞美母校远比那些从学校的未来发展战略、学校的硬件设施等方面来强调学校优秀的演讲有吸引力得多，一番话铿锵有力，让人坚信不疑。

　　一个人如果能把自己的想法或愿望清晰、明白地表达出来，那么其内心一定具有明确的目标和坚定的信心，同时其充满信心的话语也会感染对方，吸引对方的注意力。

　　因此，说话办事，要做到不卑不亢，自信满满，让言语中的闪光点去照亮对方的心，那么你的言谈不但会有说服力，而且还会更受欢迎。

3. 说话"拽"一点又何妨

　　网络上对马云评价最多的是：又拽又牛。"牛"这个字完全可以从马云事业上的成功体现出来，但是"拽"这个字呢？

　　许多网友都说马云是个自信心非常强的人，并且承认这正是马云成功的先决条件。对待任何事情都不畏惧，时刻用一种"拽"的态度来应对周围的一切，这便是马云的独特之处，也因此他总能以常人所意想不到的跳跃性思维完胜全局。

　　我们看一下在某期节目中，主持人、观众对马云的评价：

　　　　主持人："其实我想，今天我们提到马云的时候，大家都会认同我说的一句话：他现在已是媒体和公众的焦点。很多人现在都非常地熟悉你。在做节目之前我们去调查了很多人，当中包括熟悉你的和仅仅听说过你的。他们给我讲述了很多你的故事，用了很多的词语，我们提炼了其中一个出现频率最高的字。这个字就在我们今天的现场，它现在还蒙着红布，待会儿我们才能够揭开这个谜底。马云先生，您自己可以来猜测一下，待会儿即将出现在大家面前的这个字，究竟是什么字。马云先生边想，我们大家也可以边猜测。你们觉得我们待会儿出现的这个字有可能是什么字？"

观众："不知道是否冒昧，我猜可能是一个'拽'字。"

主持人："'拽'字？"

观众："对。"

主持人："大家翻字典，这个'拽'到底是什么意思啊？"

观众："怎么说呢，其实我觉得这个世界上可能拽的人很多，但是这么多很拽的人，我觉得归纳起来无非是两种。第一种人就是王朔先生说的那种无知者无畏，也就是说什么都不懂，什么都不知道，所以什么都不怕。但是另外一种人呢，可能是因为就是他很有底气，每一步都在他的谋略和计划之内，所以他走每一步的时候都很有底气、很有把握，所以他什么都不惧，这也是一种拽。我想马先生应该属于后者，谢谢！"

这是观众对马云的评价。面对观众的回答，马云只是微笑着并非常肯定地回答了"谢谢"，虽然仅仅有两个字，但似乎又将其"拽"劲给拿了出来。事实上，一个够"拽"的人，他的内心世界应该是十分宽广的，他敢毫无掩饰地将自己的本性展露出来，难道这不是自信？

当然，"拽"也是要用成绩说话的。当马云克服成功路上的一切困难，经过无数险阻终于走出自己的一片天地后，他当然有资格去"拽"，去向公众展示自己的一切。因为马云的"拽"是以诚心换真心、不掩饰自己内心的任何活动、做人不虚假的表现。

马云曾在 2008 年的电子商务专题汇报上表示"饿死也不做游戏"。马云说："不做游戏这是跟我的价值观有关，阿里巴巴到现在为止没有投入过一分钱在游戏上面，那是两年前我妹夫跟我说的一个事情改变了我对游戏的看法。我妹夫一天早上跟我说：'我昨天跟你妹妹玩游戏玩到凌晨3点半，你妹妹去上厕所的时候我又偷偷地玩了半个小时。'我被他吓了一跳。我妹夫是很能干的一个小企业家，这么一个成年人并且很精明的一个人，竟然玩游戏到3点半甚至没有一点儿自控能力，想想我们的孩子会怎么样？我不希望我儿子玩游戏，如果中国孩子都玩游戏，中国就没有前途可言了。

　　"而且我通过分析发现，在全世界时间不值钱的国家里，游戏是最畅销的。你会发现全世界最先进的游戏国家是哪些？美国、韩国、日本，但是这些国家永远不鼓励自己的老百姓玩游戏，它用来出口。有一天我们的领导会突然醒过来问我们的孩子在干什么。在玩游戏的话，一定要对他进行限制。因为游戏不能改变中国的现状。所以我说不做游戏，饿死也不做游戏。"

　　"饿死也不做游戏"的马云显然口气是很大的，尽管很多时候马云的另类言论确实有点狂，思想也有点另类，但是，不得不说，马云给这个世界留下了他最真挚的一面。马云的"拽"绝对是建立在自己能做到的基础上的，他并不是单纯地显示自己。

　　如果你也取得了成绩，你也得到了许多人的认可，那么在某些时候自信地去"拽"一下又何妨？但是，切记不要表现得太过，否则会让人觉得你过于浮夸，反而弄巧成拙。

4. 快乐的"孔雀型"老板

如果按人物性格类型来划分，那么马云便是典型的孔雀型性格。专业人士给出的答案是，马云在塑造品牌、自我宣传、鼓舞人心等方面有天生的优势，这种优势源于他对待事情永远乐观积极、自信满满。

孔雀型的人通常都把愉悦、快乐、被团队成员和社会认可看得非常重要。马云用自身的热情与快乐将阿里巴巴打造成一个充满激情、充满干劲的工作场所，正如有句非常有意思的歌词："阿里巴巴是个快乐的青年。"

另外，孔雀是骄傲的动物，当它们遇见敌人时，就会张开自己美丽的尾巴，以挑衅的眼光看待对方。而马云遇到强劲的对手时，也会展现出自己的优势与实力，并发出威慑的目光，这种自信源于马云本身所具有的深厚实力。

2009年5月，阿里巴巴在香港君悦大酒店举办股东大会，大会采用"巴菲特式"进行，来自阿里巴巴的股东、员工、媒体等300人参加了这次股东大会。这是香港股市第一例"透明式"交流的股东大会。下面是我们摘取的一段演讲：

"如果今天阿里巴巴说裁员2000人、阿里巴巴说不发年终奖，我相信没有人反对我们，因为全世界都在降工资、都在裁员。这时候我们做出的决定是要不要给他们发年终奖，这个年终奖是很多人期盼的，这个工资也在冬天到来的时候体现出你能不能对员工负责任。所以我认为2008年是阿里巴巴创办9年以来最成功的一年，因为这一年我们躲过了金融风暴，这一年我们做了全面的准备和大量的调整，员工对自己的产品做了大量的改造，一切都很好。我们应该给员工发年终奖，并且给优秀的员工加工资。"

…………

"事实上到今天为止我不知道中国有多少CEO像我一样，我很自信，自信并不是狂妄，自信是我看到了未来，我们更看到了自己的员工。当然，说心里话，我并没有看到很多股东对我们说'你这个公司好像真不太挣钱'。第一，大家回忆一下两年以前发行IPO时，我在这儿做了一场15分钟的讲座路演，我跟大家讲电子商务在中国真正起来需要3~5年的时间，我从香港到新加坡，再到伦敦和纽约，我一路上讲电子商务需要3~5年的时间。第二，我们觉得这几年是需要投入的时间。第三，那时候投资者说阿里巴巴利润太高，我也觉得太高，哪有40%多的利润，这些利润应该返回到市场上去，应该用这些利润聘请更多的优秀员工，因为真正电子商务市场的形成需要5~10年，10年以后整个世界的电子商务会发生剧烈变化。"

一个随时都能保持快乐的人并不简单，而在低谷期都能保持快乐的人，可以说他本身的内心是非常强大的。因为很多时候，他们心中所显现的自信能感染到他人，让他人感受到这种激情的能量。

当然，孔雀型的人正因为自信，所以具备很强的说服力。就像马云，不仅能够说服创业时期的"十八罗汉"与他共同熬过寒冬，甚至在寒冬时还能吸引外部的优秀人才加入到阿里巴巴中来。台湾人蔡崇信是一家全球著名的风险投资公司驻亚洲的代表，他赴杭州与阿里巴巴洽谈投资，与马云推心置腹交谈之后，竟然要加入月薪只有500元人民币的阿里巴巴，成为阿里巴巴的CFO。后来蔡的妻子告诉马云："如果我不同意他加入，他一辈子都不会原谅我。"

这是马云在郑州的一次演讲：

"大学里面，我第一次当班干部，觉得很奇怪，但是当有些事情发生在你身上，你不要觉得奇怪。我想告诉大家学生会工作是多么重要，对我今天的创业非常重要。主任跟我讲，马云你可不可以担任英语系的学生会副主席，我说我没当过那么大的干部。当决定要当学生会副主席的时候，过了一个星期，主任说，你当正主席怎么样，我说那也好。过了几个月，老师要我竞选全校学生会副主席，我说好。突然有一天，系主任找我，明天你当主席吧，于是我就当了杭州师范学院学生会主席。"

马云积极进取的上进心给他当初的创业期打下了基础，那种临危不乱，总能用乐观的心态去看待事物的性格，让马云逐渐走向成功的顶峰。能跟着这样一个有激情、有自信的老板打天下，又有谁不愿意呢?

5. 风暴一旦形成，天就渐渐变亮

2008 年，世界性的金融危机爆发，致使全球主要金融市场流动性不足，大量的公司裁员并且倒闭。面对经济市场来临的这一风暴，马云只是淡定地说了一句："风暴一旦形成，天就会渐渐变亮。"

就在经济危机给国内市场带来前所未有的恐慌时，马云依旧十分自信且淡定，对于一个习惯大风大浪，并且在困境中"泡"大的人来说，这场劲头凶猛的风暴可能早已被预料到，马云就是靠着这种独特的前瞻性与自信心，很快便平息了这场风暴给阿里员工们带来的恐惧。

2008 年 11 月 11 日，马云在集团内部会议上就这场世界性的金融风暴给员工们作了如下演讲：

> "我相信在座所有阿里人都非常关注今天的金融形势和经济形势，我也相信很多人都在关注我们的股票。为什么我们不回购股票？为什么在这样的经济形势下面阿里巴巴还在不断做投资？我们到底想干什么？世界经济形势到底什么时候会恶化？金融局面什么时候会恶化？今天我想跟大家做一个分享。

> "首先我想告诉大家，我认为世界金融危机最黑暗的时候已

经过去了。最最黑暗的时候在今年2月份形成了，在奥运会之前的6、7月份是最黑暗的时代，就像狂风暴雨一样，在大风暴将来之前天是最黑暗的，但是风暴一旦形成，天就渐渐变亮。

"我个人认为，金融风暴最黑暗的时候已经开始过去。全世界各国领导人、各国企业里的绝大部分公民都已经意识到，人类已经进入一场100年才可能碰上的一次机遇，也是100年才可能碰到的灾难，是从1929年至1933年经济危机以来最严重的一次。大家都已经意识到了。

"特别是中国迎接奥运会的时候，所有的危机已经形成，但是我们没有意识到形成的时候是最危险的。等到高速公路上所有警察都已经出来了，知道这段路出现了事故，所有人都开始小心翼翼的时候，大问题已经不会再出现了。"

人们常说，一个人在生活中不怕被别人击倒，敢于一次次站起来，就不算失败。最可怕的是自己把自己击倒，他就再也没有希望了。怎样才能避免"自己把自己击倒"呢？那就需要淡定、自信。很多事实证明，自信是大多数人所共同具备的品质，也是一个人获得成功的重要因素。

马云是淡定、自信的，所以他永远都不会露出灾难来临时的恐惧，他的这种镇定源自他对事情的把握度与坚定的信念。在他的眼中，任何事情都有解决的一天，千万不要被胆怯所吓倒。

马云有一次在浙江义乌的激情演讲颇受欢迎，尤其是当他陈述客观事实，教导企业如何有效地利用资金时说：

"一个没自信的企业天天把钱放在这里干吗呢？有自信的人就会把钱投资在未来上。如果一个客户经理拿到了公司给你的1

万元，你应该做什么事？做企业和做人的道理是一样的。如果我是一个销售经理，我拿到 2 万元的佣金，我要知道这不是对我以前工作的奖励，这 2 万元要求我为我的客户服务好。合同签的时候，我这钱是为了服务我的客户。那么就要买一套好的西装，买一些好的书，特别是我觉得你要去好的地方旅游一趟。我们要去泰国看，去日本看，看看人家的服务怎么样，只有你的水平提高了，你才能帮助客户提高。企业也一样，如果企业对自己的未来没有信心的话，它就会把钱放在口袋里。而我们去年投了大量的钱做广告，去年阿里巴巴在进出口业务上，光中国供应商的客户通过阿里巴巴出口的金额已经超过 100 亿美元。但是中国整个去年的出口额已经达到 10 000 亿美元，100 亿美元是整个中国出口额中的万分之一。如果我们今天把钱放在口袋里，而不去投资这万分之九千九百九，我们会后悔一辈子。"

马云就是这样一个不畏惧的人，因为没有恐惧的捆绑，因此，他在成功的路上才能一路心怀阳光，走在绝大多数人的前方。

6. 只讲你懂的，你就会充满自信

你为什么没有自信？你知道自信心来自哪里吗？经常看见一些人，他们在与对方谈话时，往往都喜欢用沉默应答。为什么？因为所谈论的问题他们不懂，因此在未弄清楚问题答案之前，他们心里没底，只好选择沉默。

一个充满自信的人，他们所谈论的话题往往都是他们精通的。自信源于自己所承载的知识量，他们都明白自己在话题中所能谈论的极限点在哪里，并且能够避开那些自己不知道的话题。

马云的演讲之所以能让人感觉到强大的力量，其中一点就在于他原本所含有的那种与生俱来的自信心。他总是能够纵观全局，并且在有事实依据的情况下，将自己懂得的全部讲出来。

"当年我们和中国电信一个三产企业发生了竞争，它那时候的注册资本是 2.4 亿元人民币，中国黄页的注册资本是 5 万元，相比之下，我们的竞争非常惨烈。

"但是大象要踩死蚂蚁也不是那么简单的，只要有好的策略，蚂蚁照样可以活下来。所以 8 个月后，我们谁也弄不死谁。于是大家就坐下来谈，他们建议双方组成合资企业，他投 140 万元人民币。天哪，那时候我们总共的注册资金才 5 万元，我一听见 140 万元，心花怒放，好，脑袋一拍就干了。但是合资企业成立以后的灾难就来了。董事会他们有 5 票，我们才 2 票，我的任何想法只要一提出来，他们有 1 个人举手，其余 4 个人就都举。五六次董事会下来，我们的建议竟然没有一样是通过的！

"当时才意识到 140 万元是个陷阱，因为双方目的不同，我看 140 万元的资金是想到可以不受资金限制去大展手脚，他们想到的却是——140 万元就可以灭了我们！这一次，我们吸取了教训。拿到了钱却丢掉了最宝贵的东西，因为你本来可以实施的东西都不能实施了。

"从那时起，我就有了一个坚定的信念：今后创办公司，永远不控股公司，一定要给下面充分的理解和支持，不让他们觉得痛苦。领导凭借的是什么？一个好的 CEO 必须认识到，资金是为我们服务的，不是主宰，真正起决定作用的是 CEO 的胆识、气魄、智慧和眼光。"

马云这番坚定的信念，正源于他那双能读懂市场经济发展状况的眼睛，他如此肯定并且能够自信满满坦然地说出来，就是因为他深懂整个市场经济。相信任何一个人在台下听到这样的演讲内容，都会聚精会神地将它听完，并且牢记在心里。

7. 讲自己相信的，只有相信才有效果

一个人总要相信什么才能充满自信地活下去，同样地，当我们与他人沟通时，首先要具备的一点便是"将自己相信的讲出来"，这样不仅能以事实为基础，让听众们信服，而且还能博得他人的信任，达到成功演讲的效果。

马云在商界的绰号虽然是"疯子"，但他所讲的话通常都是积极乐观的，并且可信度非常高，因为他所说的，往往都是他自己相信的。

在"成功创业者必须是个梦想家"现场，马云与杨致远的访谈气氛非常融洽，两位出色的企业家像在聊家常一样轻松、幽默、还智慧地开着玩笑。他们都有一个共识，就是"我们都是梦想家"。

马云幽默地回忆以往的趣事："曾经杨致远在一封给我的E-mail中说，'什么时候我们坐在一起探讨一下全球互联网发展的格局？'我吓了一跳，以前从来都是谈杭州的格局、中国的格局，现在搞大了，谈论全球的格局。未来的世界是可以让我们创造或者改变的，每当我和杨致远在一起的时候，我们都在讨论怎样把梦想的东西变成现实，我们都是 dreamer。创业者一定要

有梦想。"

马云提醒年轻的创业者，勇敢地凭直觉去做事情，因为现在的年轻创业者是非常聪明的，缺少的是对市场的了解和经验。市场是最好的资源，可以用市场的检验不断完善创意和战略。年轻人最厉害之处，就是源源不断的新思想和创意，必须勇敢地凭直觉去做事情。

有句话说得好："你相信什么，你就会是什么，你就会过上怎样的生活。"似乎马云所说的每句话都透露着一股自信，这股自信正源自他自己所说的"因为我们都是 dreamer"。一个有梦想的人，心中定然会存有一份坚定不移的信念，无论任何时候都对自己的未来充满希望，因为他们永远都在积极地前行。

"你去看那些优秀的领导者，在任何台上他都是他自己，他是真实的表现，他错了他并不回避。一个人敢于笑话自己，他是有很强的安全感的。因为只有你是你自己的时候，才会有安全感，装腔作势的时候永远没有安全感。

"什么是内涵？我想就是一股气，只要你珍惜，只要你是自己，你语言不好没有关系，但是你讲的要是真实的想法。假设你的汉语表达能力不是很好，上台后最简单的策略就是把你想讲的东西讲完。有的时候你因为对自己的表达不放心，越描绘时间越长，陷入了恶性循环。基本上，当每个人明白自己是谁、该干些什么的时候，他就掌握了自己的性格。了解了自己以后，就变得很自在、变得很放松，自己独特的东西就会体现出来。

"有些不太会讲话的人也要找到自己独特的魅力去影响这个

世界。你不可能去模仿克林顿，世界上没有几个人可以模仿他，模仿他是搞笑的事情。我想这个可能就是领导者的魅力，不管你地位多高，不管你地位多低，今天你当总统，或是你今天一贫如洗，你还是你自己。"

马云的这番演讲词或许并不华丽，但是言语中所透露的那份坚信却是满满的。他告诫所有人，一个优秀的人，无论是台上还是台下，他都是他自己，因为他相信他自己。而正是因为这份相信，他们所说的话才更有吸引力。

另外，这段演讲也是马云另一个侧面的写照，因为这些话都是他在经过无数波折后所总结的精华，是他自己所相信的成功之道，所以这番演讲能博得听众的认可。

2010年，马云在台湾一个经济论坛上公开表示，过去的全球化是必须懂得欧洲、懂得美国，但是今后必须是懂得中国才有可能到全世界做生意，中国将会是制定游戏规则的地方。

马云说："为什么外国互联网公司到中国大都失败了？谷歌也不行，雅虎也不行，eBay这些都被中国本土公司给搞掉了？是不是在中国不能做？任何一个失败的人都是最喜欢找借口的，人类总是为失败找借口，不为成功找方向。

"外国公司到中国倒下了五六家，中国互联网公司倒下多少家？5000家都不止！那些企业为什么到中国倒下？它们说跟政府不会搞关系、没有钱、没有这个那个。它们有的只是借口。

"阿里巴巴到今天没有跟政府要过一分钱，没有跟银行贷过一分钱，我们可能比任何人都艰难，但是我们为什么活下来了？因为我们有理想，我们知道中国一定有未来。我们必须点点滴滴去走出来。我们乐观，我们看好未来，不能因为一点困难就撤走。"

很多时候，相信只是开始，不是终点，因为在相信之后，更重要的是切实地付出和努力。只有内心真正地相信，才会源源不断地产生出能量和动力，而这也才是相信的真正意义。因为所有的付出都不会白费，永远不会。

马云的成功就在于他心中始终都能怀有一份"相信"，从他的讲话中我们也不难看出他对自己未来的事业的"相信"。他的话中所饱含的这份激动，无不让听者动容。而这样真实可信的演讲，才会真正有吸引力。

8. 语言不好没关系，但要讲出正能量

口才虽然很重要，但是传递出来的信息是否能打动人却是重点所在。也许你的言谈举止表现得都很得体，但是说出来的话却丝毫没有温度，那么就会让他人疏远你，因为没有人喜欢与一个话不投机、悲观厌世的人待在一起。

我们每个人的口才都不同，但是在说话的时候，如果能将自己说话的特色展示出来，那么即便我们所说的话并没有过多的华丽修饰，言语中的质朴也能够给人如沐春风的感觉。因为，你言语中充满的"正能量"能点燃听众心中的希望之火。

下面是马云在员工大会上的一段演讲，让我们来看一看，马云是如何将"正能量"传递给员工的：

"什么是品牌和企业？比别人活得长。你活着，人家死了，你就是品牌，就是这么简单。品牌是什么？同时创业的10个人，其他死了，我还活着，这就是品牌。

"如果走102年，我们要有为这个公司长期工作10年、20年、30年的员工。以前互联网做4年，cash out（套现），走了。因为这种想法，大批互联网公司走了；因为有这种想法，大批企业

走不下去。

"我前两天跟彭蕾讲，我们10周年的时候，要搞一个真正的party（派对），其中有一个设想，10周年的员工应该走红地毯，男的旁边是美女，帅哥美女。在这个互联网行业，在一家公司待10年的很少，我们要为10年、20年、30年努力。

"我们believe（相信）才会学习，不管别人怎么说，不管别人怎么看我们，疯人院里面的人从来不相信自己是疯的。我们在这里的人不能相信自己是傻的，不可能102年，不可能是102年，你说是第一就是第一了？听到了，断言，重复，传染，相信我是第一，传十遍，然后不断地重复说100遍，然后你就是第一了，很多事都是这么起来的。

"所以我们今天只要你跟自己讲，跟同事讲，跟信赖的人讲，我们要进入世界三强。这是我们的力量。然后是建立良好的制度和体系，只有制度和体系创新才能做好。"

马云的话并没有多么文艺，但是就是这种贴近生活、贴近现实的最普通的话语，却最能打动人心。因为其话语中所包含的那份质朴，不仅能让人主动亲近，而且站在对方位置上的这番思考，更是让员工们看到了一个和蔼可亲的马云。

生活中，每个人都喜欢与由内而外都积极向上的人接触，因为从他们的话语中，我们不但能看到一颗充满阳光的心，还能看出他充满正能量的心态。跟这样的人谈话，其语言中的激情不但能感染我们，还能为我们驱散心头的乌云。

"唠唠叨叨讲了这么多，只想说一点，阿里巴巴还是个好公司，至少我想我们这个团队，我也好，李琪也好，彭蕾也好，各个子公司的老大也好，真心感谢大家加入阿里巴巴，一起来实现我们的梦想。

"8年前，我们手头连把镰刀都没有，今天我们手上有东西了，人力也多了。你们要比8年以前的18个创始人，要比7年前的百多号人，聪明得多，能力要强得多。要是你们不能成功，不要怪别人，要怪自己。谁让你们被别人忽悠，被我忽悠进来呢。来了，就死了这条心，认了吧。人家8年傻干过，我们也干吧。你一直干一直挖，挖不到油也可以挖到水。我们一起挖几年，在这个公司里面学习、欣赏。我对大家的期望很大，我们把自己降低，将来能跳得更高！"

一个人能否感受生活的幸福，能否取得事业的成功，有时并不在于他是否有过人的能力，而在于他是否能适时地改变心态。不同的心态，决定着不同的命运。马云这份好心态正是源于他对任何事情总是充满自信，他的每次讲话不仅能给他人心中播种下阳光，而且还能带领他人走出困境，能够与这样的人在一起交谈，又有谁会不开心呢？

9. 将话说得底气十足，才更有说服力

在交际中能否说服对方接受自己的观点，是谈话能否成功的一个关键。因为说服是谈判过程中最艰巨、最复杂，同时也是最富有技巧性的工作。虽然说服的过程要运用到听、问、叙等各种技巧，但是最重要的还是我们自身所怀有的决心。

如果我们一开始说话就带有十足的底气，那么言语之中必然就会带有三分凌厉、七分杀气。当然要想在一开始就能威慑住对方，那么首先就要保持一份自信，因为任何来自外界的强势围攻，都抵不过你内心深处制人于无形的武器——自信。

  "中国人认为最好的团队是刘、关、张、诸葛、赵组成的团队。关羽武功那么高，又那么忠诚，刘备和张飞也有各自的任务，碰到诸葛亮，还有赵子龙，这样的团队是千年等一回，很难找的。我认为中国最好的团队就是唐僧西天取经的团队，像唐僧这样的领导，你什么都不要跟他说，他就是要取经，这样的领导没有什么魅力，也没有什么能力；悟空武功高强，品德也不错，但唯一的遗憾是脾气暴躁，单位有这样的人；猪八戒是狡猾，但没有他

生活就少了很多的情趣；沙和尚型的人更多了，'这是我的工作'，半小时干完了活就睡觉去了，这样的人单位里面有很多很多。就是这样四个人，历经千辛万苦取得了真经。这样的团队是最好的团队，这样的企业才会成功。

"今天的阿里巴巴，我们不希望用精英团队。如果只是精英们在一起肯定做不好事情。我们都是平凡的人，平凡的人在一起做一些不平凡的事，这就是团队精神，我们每个人都欣赏团队，这样才行。"

当有人问到马云心中最希望打造出什么样的阿里巴巴时，马云在媒体面前坦诚自己最渴望拥有的一个团队模式是"唐僧团队"。马云的这番话说得颇有气势，而且从其分析团队组成模式的案例中，我们能想象到他底气十足的样子与阿里巴巴美好的未来。

另外，在谈到阿里巴巴所需要建立的团队时，马云的语气中也透露着几分执着和肯定。在马云的心中，只有树立良好的团队精神才是团队共创业绩的关键，而不是去指望单个人的能力。马云的这番话底气十足，显示出其独特的管理理念。下面便是马云要求对客户实施的"271 战略"：

"刚刚提出电子商务是一个过程，是以商务为目的，电子商务是一个可以用来经营你的企业和业务的工具和手段。我们现在实行内部 271 战略，20% 是优秀员工，70% 是不错的员工，10% 是必须淘汰掉的员工。我对客户也要实行 271 战略，有 10% 的客户是每年一定要淘汰掉的。比如说我是医生，你是病人，你来看病，你药买回去，往家里面一放，不吃药，我也没有办法。

"我经常在企业跟员工交流一个故事，这是我对企业的了解。

杭州有一个很有名的饭店，6年前我到这个饭店去，这个饭店还没有几张桌子，我点好菜后在那儿等，过了5分钟经理来了，说：'先生，你的菜重新点吧。'我问怎么了，他说：'你的菜点错了，你点了4个汤1个菜。你回去的时候，一定说饭店不好，实际上是你菜点得不好，我们有很多好菜，应该点4个菜1个汤。'我觉得这个饭店很有意思，为客人着想，不会像人家看见有客人来，就说龙虾怎么样，甲鱼也不错。他会对你讲没必要这么样，两个人这样就行了，不够再点。你感觉他为客户着想，客户成功了，他才会成功。如果客户不成功，就是你不成功。"

在谈及自己制订的战略计划时，马云不仅理由充分，还表现得十分自信。通过列举自己所遭遇的经历，来向外界陈述自己制订此计划的原因，让大家看到了一个底气十足、自信满满的马云，也从而让更多的人去理解和肯定这份计划。

一个人说话有底气，不但能给人留下气场很强的印象，而且在说话过程中，那种无形的气势也会直逼他人。尤其是在说服对方、陈述自己意见的时候，如果我们总是能自信满满，那么在一开始就能取得气势上的优势。

说服力往往来自我们心中对自己所说话的坚信，如果我们能持续不断地给自己鼓劲，并且能让自己在心中保存有一分底气，那么在与他人的谈话中，我们就一定能够占据主导位置，成为牵动他人的人。

Mr. Ma's

WAY OF SPEAKING

第七章

风趣，会有意想不到的效果

1. 永远乐观的马云

　　一个幽默的人能够感受到生活中最美好、最有趣的一面，然后恰当地表达自己的想法和感受，并给周围的人带来快乐。这样的人，不仅心态好，而且对任何事情都积极乐观，因此招人喜爱。

　　马云在演讲时，很多时候现场气氛之所以热烈至极，就在于他能够恰如其分地展现自己的幽默天分，即便是严肃的事情也能被他说得生动活泼，给悲观的人充入正能量。马云的幽默谈吐，为他本人增添了魅力。

　　2001年，马云为了扩大阿里巴巴的经营，决定进军台湾市场，但是当时马云遭逢网络泡沫，致使"台湾梦"破碎。倔强乐观的马云并未就此放弃，6年后他卷土重来，再次将这个梦想高高举起。

　　2007年，马云到台湾演讲时说，未来要将台湾作为重要的发展据点。在演讲现场，马云就阿里巴巴的成功表示自己有一套另类解释，甚至说自己会成立一家名叫"阿里妈妈"的新公司，因为他担心有人将来会想嫁给"阿里巴巴"，所以自己得赶快将名字给先订下来，惹得全场哄堂大笑。

　　以幽默的方式分享过去的经验，马云演讲的最后给大家的建议就是坚持下去。"今天很残酷，明天更残酷，后天很美好，但是绝大部分人都死在明天晚上，所以你必须每天努力才能看到后天的太阳！"

幽默的谈吐是建立在说话者思想健康、情趣高尚的基础之上的，表达了说话者的学识和乐观的态度。马云的乐观态度为其话中的幽默增添了一层光环，让听者不仅身心愉悦，而且也领悟到了话中的真理。

一个人只有具备乐观的信念，才能对一些不尽如人意的事泰然处之。马云两次去台，就是因为他有乐观积极的信念支撑。他的幽默不仅反映了他的生活态度，更是其对自身力量充满信心的表现。在通往成功的路途中，马云始终都明白，只有对未来充满希望，才能在最后发出由衷的笑声，即使暂时处于逆境之中，只要始终保持开朗乐观的心态，在生活中努力去发掘幽默，那么快乐很快就会抚平生活所留给你的创伤。

2009 年，淘宝网与湖南卫视宣布成立合资公司，成立仪式上，欧阳常林特别送了副对联给新公司，而马云也在主持人汪涵的调侃下给欧阳常林起了个"老顽童"的花名。湖南电视湘军教父魏文彬则用"年轻"来夸奖马云和他所创造的阿里巴巴。

很多人都喜欢听幽默的语言，就像喜欢听动人的音乐、欣赏美妙的文章一样。懂得幽默的人必定是乐观的，因为他们往往心胸开阔，不论何时他们都能和颜悦色，从他们的谈吐中，人们可以听出他们心中的希望。

2. 就地取材，幽默无处不在

说话的最高境界就是信手拈来，而幽默的最高境界则是就地取材。幽默是我们生活中不可缺少的调剂人际关系的润滑剂，同时也是博得他人好感的最好方式。交际场中的"老手"们往往都明白，如果把幽默的神奇力量注入意识之中，就可以使自己更容易让人亲近，更富有人情味。

马云的幽默不仅体现了他豁达的人生态度，同时也让他在圈内外备受好评。因为很多时候他的幽默都是就地取材，不论在哪场演讲中，他都能很好地把握现场气氛，让自己与听众之间强烈互动。

2008 年，《企业家天地》上登载了马云应邀给雅虎员工的一篇演讲，其中可见马云的幽默口才。

"世界上很多非常聪明并且受过高等教育的人无法成功，就是因为他们从小就受到了错误的教育，他们养成了勤劳的恶习。很多人都记得爱迪生说的那句'天才就是 99% 的汗水加上 1% 的灵感'，并且被这句话误导了一生，勤勤恳恳地奋斗，最终却碌碌无为。其实爱迪生是因为懒得想他成功的真正原因，所以就编了这句话来误导我们。

"很多人可能认为我是在胡说八道。好，让我用100个例子来证明你们的错误吧！事实胜于雄辩。世界上最富有的人比尔·盖茨，他是哈佛大学的学生，懒得读书，就退学了。他又懒得记那些复杂的dos命令，于是他就编了个图形的界面程序，叫什么来着？我忘了，懒得记这些东西。于是全世界的电脑都长着相同的脸，而他也成了世界首富。

　　"世界上最值钱的品牌，可口可乐，它的老板更懒。尽管中国的茶文化历史悠久，巴西的咖啡香味浓郁，但他实在太懒了，弄点糖精加上凉水，装瓶就卖。于是全世界有人的地方，大家都在喝那种可乐。世界上最好的足球运动员，罗纳尔多，他在场上连动都懒得动，就在对方的门前站着，等球砸到他的时候，就踢一脚，这就是全世界身价最高的运动员了。有的人说他带球的速度惊人，那是废话，别人一场跑90分钟，他就跑15秒，当然要快些了。

　　"世界上最厉害的餐饮企业，麦当劳，它的老板也是懒得出奇，懒得学习法国大餐的精美，懒得掌握中餐的复杂技巧，弄两片破面包夹块牛肉就卖，结果全世界都能看到那个M的标志。必胜客的老板，懒得把馅饼的馅装进去，直接撒在发面饼上边就卖，结果大家管那叫pizza，比10张馅饼还贵。"

　　…………

　　"懒不是傻懒，如果你想少干，就要想出懒的方法，要懒出风格，懒出境界。像我从小就懒，连长肉都懒得长，这就是境界。"

　　马云的"懒"字经可谓妙不可言，他将对"懒"的另一番理解包裹在幽默的字里行间，让人忍俊不禁的同时，还看出了这"懒"字中的真谛。幽默常常会给人带来快乐，但是惹人发笑并不是幽默的唯一目的，而是让人们笑过之后感悟到深刻的哲理与受到启迪。

风趣幽默的语言往往能达到举重若轻的交际效果，尤其是在摆事实、讲道理的时候，如果能够加些幽默的成分，并且能够根据当时的情况就地取材，那么就可以达到让人精神一振的效果。

2011 年，阿里巴巴在杭州召开第八届网商大会，马云在"开放生态共赢"的主题演讲中幽默建言众网商不要抱怨，要建设性地破坏，要让昨天很成功的企业睡不着觉。

马云："做搜索引擎（一淘）就是要让百度睡不着觉，因为百度睡得着觉，互联网的用户就睡不着觉了；支付宝就是让大银行睡不着觉，现在很多银行支付手续费的降低，支付宝还是有点功劳的；阿里巴巴进入无线，就是要让中国移动、联通睡不着觉，让坐在那些位子上但不作为的人睡不着觉；阿里出钱拿地，投资物流公司，但是绝对不会自己做物流，而是为了帮助物流公司，让中国邮政知道它不是中国最大的物流公司。"

马云幽默地鼓励众网商："不要怀念昨天很成功的企业，现在要做的就是让昨天很成功的企业睡不着觉。"

马云的幽默功夫可谓是"手到擒来"的，而马云的幽默很多也来自他敢于直言的勇气。在上面这段话中，马云以调侃式的幽默鼓励了网商们，让他们重获信心的同时，更使演讲添加了几分乐趣。

幽默来源于人们的乐观思想。平常多注意观察周围的事情，多去思考一下所要陈述的问题，那么我们也可以像马云一样随时随地都能幽默。

3. 随机应变的幽默

在某些社交场合中，随机应变的幽默要灵活得多，这种幽默通常要求说话人有较高的应变能力，能够在不同场合、不同场景下脱口而出。随机应变的幽默不仅可以化解话题中的一些尴尬，还能巧妙地活跃气氛。

1988 年，大学毕业后的马云去杭州电子工业学院担任英语老师，后来担任阿里巴巴副总裁的戴珊就是那个时候马云的学生，她回忆道，那个时候的马云已经是学生们最喜欢的老师了，"他的课是到课率最高的，他并不强制点名，但是学生们都喜欢听他讲，他经常给大家讲做人的道理"。

有一次马云讲课，结果他迟到了五六分钟，就在同学们左顾右盼的时候，他冲了进来，脚还没站稳就开讲："今天我们讨论的题目是'迟到'。我最讨厌迟到，迟到就是对别人的不尊重，从某种意义上说迟到就是谋财害命……"

这就是马云特有的随机应变，利用这种幽默方式，马云轻描淡写地便化解了自己迟到的尴尬，而且还让学生们心底顿生好感。马云的这种幽默体现的便是机智、不露痕迹的挥洒自如。

处于尴尬的境地时，一些小小的幽默就可以让自己摆脱尴尬，甚至还能回敬对方。这就是幽默的超级效用。

下面是马云参加某商业论坛的一次趣味对答：

主持人尖锐地问道："我从一个相对秘密的渠道知道，曾经有人评价过您，说您是一个网络帝国的国王，但是你不及一个现实王国的科长。您怎么看待这种现象？"

马云幽默地答道："我从来没有觉得自己是个国王，我也不想当国王，我觉得自己是一个普通的创业者。"马云表示，阿里巴巴几年前就被定位为生态系统，而不是帝国。

"现在社会对商人、对企业家的认识过于片面，认为他们唯利是图。"马云认为，但事实并非如此，中国的民营企业家即便衣食无忧，还是一样努力。"我们不是'周扒皮'，我们希望对社会有贡献。"

如果说幽默天性和模仿能力可以日积月累加以练习和巩固的话，随机应变考验的是人的应变能力。在面对主持人提出的如此尖锐的问题时，马云回答得机智巧妙，这场与主持人之间的PK，马云完胜。

2010年，马云去重庆参加民营经济发展论坛，对于全球经济、中国经济是否会两次触底的疑问，他再次抛出了幽默的答案："世界经济是否见底，也许只有德国那只叫保罗的章鱼知道。"对于可能出现的危机，马云告诉在座的企业家，只有有信心的人才能从容面对各种危机。

关于中国经济下半年的走势，马云给在座的民营企业家带来了他认为的"一个好消息和一个坏消息"。"坏消息是世界经济会越来越复杂，"马云首先抛出坏消息，随即他又说，"好消息是，每个人面对的都一样。"

"有人说现在全球形势不行，中国好像还行。"马云笑着说。他给出的答案是，"我说，谁也说不清楚"。在马云的心目中，危机一直都没有过去，因为危机无处不在，"经济、自然危机，我们一直在经历"。

幽默是人人都会用到的交流技巧，尤其是对于时常要面对公众的人来说，更要多学习从生活中掌握随机应变的说话能力。因为随机应变的幽默不仅可以营造好的谈话氛围，而且还能巧妙地为你解围。

4. 自我调侃令人捧腹

马云说的话常常被人认为是"马氏"调侃，因为在一些公众场合，马云常常喜欢拿自己开涮以缓和现场气氛。实际上，无论任何人在任何场合，只要能充分运用自己的智慧，并使用幽默的言辞，那么一定能把现场的气氛调整到最佳状态。

2006年，哈佛 AUSCR 中美学生领袖峰会上，现场对话时，嘉宾马云被学生提问后回答道："我当时说男人的长相往往和智慧成反比，是说如果上帝给了不好的相貌，就要将自己培养得更有魅力、更加聪明。李开复先生确实长得很帅，不过我确实要说 IT 界丑陋的人要比好看的人多。

"成功人士都有不一样的成长背景、学术水平。比如我非常欣赏李先生的严谨治学和温文尔雅，如果以他为标准，我恐怕连100分里面的10分都拿不到；但是如果拿我的标准来衡量他的话，恐怕他也就10分了。"

同年，在首届中国"创业者论坛"的现场，马云又自嘲了一回："首先，说我'瘦马'的有，说我'骏马'的很少，说我'俊'说明你的眼光真的很不一样。"

马云无疑是一个调侃高手，在上面的故事中，马云不仅巧妙地为自己化解了尴尬，而且还从侧面烘托出了自己的优秀，将自己的短处缩小，将自己的长处放大，打了一个漂亮的"反击仗"。

事实上，当生活中碰到一些不公正或者非常尴尬的事情时，虽然明明知道对方的意图，但是又不便直接说出来，就可以巧妙地运用自嘲，以委婉暗示的方式，把内心的郁闷、不满吐露出来，以告知对方自己的想法。

现实生活中的马云很喜欢太极，有一次他在谈到太极禅时，又表现了其"自嘲"式幽默的本色。

> "我忽悠李连杰创办了太极禅（公司），还有华谊王中军来找我想让我投资，但我忽悠他成立了一家最大的电影公司。我也忽悠了很多网商，但我不后悔，我忽悠得很成功，点燃了很多人心中的火焰，我会一直忽悠下去。做企业是赢在细节，输在格局，格就是人格，局就是胸怀。两个都得干好，那就是太极禅。"

暗示性的自嘲虽然往往能够准确地指向问题的关键所在，但是其温和而幽默的表达方式，却可以使会谈气氛显得轻松、文雅，从而避免了问题中所包含的尖锐性，让紧张的局势得到缓解，不致出现僵硬的局面。

在交际中，当对方有意无意间触犯到你，并且将你置于尴尬紧张的境地时，我们就可以借助自嘲摆脱窘境。

> 有一次，马云的照片登上了《福布斯》杂志封面，被杂志形容成长相怪异、顽童模样的中国企业家。对此，马云说道："我

这个 CEO 当得有点'惨'。"马云笑称，"只有两种情况下你是CEO，第一你做决定的时候你是 CEO，平时你不是 CEO；第二个是在你犯错误的时候你是 CEO，人家会说这是你的错。"

"自嘲"是一种重要的交际方法，被称为幽默的最高境界，就像在生活中，我们每个人在人际交往中都可能会不自觉地保护自己不受伤害，而此时如果巧妙地运用自嘲来掩盖自己的不知所措，那么不仅是最成熟、最健康的防御举措，对他人也不会造成什么伤害。

对于自己的成功，马云常在记者面前说的一句话是："我智商不是很高，看到有的媒体说我聪明，我都不好意思。我家里不是很有钱，也没背景，也不帅，我高考时数学只得了 1 分，但我也有了今天。我想告诉现在的年轻人，我这样一个最普通、最平凡的人都能成功，你们也能。"

马云这种善于调侃自己、大智若愚的幽默方式，看上去很天真，但是只要我们细细品味就能明白，这正是马云的真实与智慧之处。因为很多时候，智者是不会四处宣扬自己的学识和见解有多么高深的，他们反而会隐藏自己的光芒。

如果说幽默能为我们带来快乐，那么自嘲便是教我们懂得如何放下。在与他人沟通时，如果我们能够学一学马云幽默自嘲的说话方式，那么一定会带动更多的人与你真诚地交流。

5. 妙用比喻制造"笑果"

生活中我们所看到的一些滑稽和幽默几乎都离不开一些比喻的渲染。比喻能将原本生硬的话语变得柔和，更多时候还能将话语变得充满趣味，拉近人与人之间的距离。

比喻的修辞手法常被人称为使语言变得更加华丽的"添加剂"，尤其是在生活中，如果我们也善于使用比喻的方式来制造"笑果"，那么定然能让我们的语言更加"出众"。马云平常就特别喜欢使用比喻的修辞来跟别人交谈，尤其是在演讲时，他常常利用比喻制造的"笑果"为自己博得"满堂彩"。

下面是马云在《财富人生》当中的一段现场访谈：

"1996 年至 1997 年是很残酷的时候。那时候是当骗子的时候，那时候是没人来找我的。阿里巴巴创业的时候，确实有很多投资来找我。但是我拒绝了三十多家，应该还不止，至少应该有 38 家以上的投资者来找我。我说'No，我不要你们的钱'。很多人总认为，赚钱要钱很难。其实要钱是最容易的，只要你做得好，投资者一定有的。有钱人太多了，你要问的是钱背后是什么，他除了钱以外能够帮你什么。因为跟投资者合作就像结婚一样，等到闹离婚的时候，事情已经搞不好了。"

形象地用幽默夸张的方式将自己的观点表达出来，可以让自己的言辞变得更加贴切和亲切。事实上，我们在说话的过程中，有些夸张，会形成一种极不协调的喜剧效果，然而这也是产生幽默效果的有效方法之一。

2009年，马云在美国亚洲协会上发表演讲，主要分享了阿里巴巴近10年来的创业成功心得，以及未来电子行业创新发展的一些基点。

马云在谈话中，总是以电影《阿甘正传》作比喻，称自己最喜欢的是阿甘，虽然阿甘不是聪明的人，聪明的人都去了银行工作，但是阿甘是个很乐观、很努力的人。

马云认为，我们每个人的人生就如同《阿甘正传》中提到的一样："生活就像一盒夹心巧克力，你永远都不会知道下一个是什么味道。"马云说，今天，人们不缺钱，缺的是精神、希望、梦想和价值观。现在每个人都有机会成为英雄，有机会去看到一个新的世界成长和到来。如果今天你开始采取行动，你也很可能创造出下一个Google、eBay。

事实上，真正的幽默高手常常善于发掘自己语言中的亮点，他们善于运用形象的比喻来让自己的话语达到出奇制胜的效果。因为很多时候，你的比喻用得越好，你所要陈述的本意就会越清晰，倘若再适时地增添点幽默的比喻，那么在令人为之捧腹的同时，还能为你的谈话带来意想不到的效果。

6. 说话巧用典故，会有出其不意的效果

马云没有出来创业之前是一名老师，能说会道自然不在话下，创立了阿里巴巴之后，马云也时常在员工大会上侃侃而谈。马云的演讲并不枯燥，反而生动有趣得很，尤其是在他运用一个个典故带出自己的演讲本意时，更显现得他风趣活泼。

说话时运用典故，不仅会让说出的话鲜明形象、生动有趣，而且典故中的一些道理由于众所周知，所以还具有权威性。因此，如果在演讲或者谈话过程中能巧妙地运用典故去说理，也可以收到良好的效果。

2011 年，马云在一次演讲中说道："一个公司最值钱的东西是共同的目标、价值观，是这些东西支撑着整个企业。我们的员工可以业绩不好，不可以价值观不好。我们是平凡的人在一起做不平凡的事，如果你认为你是杰出的，你是精英，请你离开。

"中国人认为最好的团队是刘、关、张、诸葛、赵组成的团队。关羽武功那么高，又那么忠诚，刘备和张飞也有各自的任务，碰到诸葛亮，还有赵子龙，这样的团队是千年等一回，很难找的。我认为中国最好的团队就是唐僧西天取经的团队，像唐僧这样的

领导，你什么都不要跟他说，他就是要取经，这样的领导没有什么魅力，也没有什么能力；悟空武功高强，品德也不错，但唯一的遗憾是脾气暴躁，单位有这样的人；猪八戒是狡猾，但没有他生活就少了很多的情趣；沙和尚型的人更多了，'这是我的工作'，半小时干完了活就睡觉去了，这样的人单位里面有很多很多。就是这样四个人，历经千辛万苦取得了真经。这样的团队是最好的团队，这样的企业才会成功。

"不过要管理这个团队，对领导的要求是很高的。一个领导者要有三样东西：眼光、胸怀、实力，一个人的眼光不好，永远成不了好的企业家。"

运用《西游记》中的四个人物的鲜明对比，将一个有效的团队应该具备的人员全部刻画出来，不仅将自己希望打造"唐僧团队"的本意表露出来，而且还有深刻的教育意义。这就是马云的演讲，不失活泼，又充满了戏剧性。即使是在公众面前，即使是再严肃的场合，马云也总能适时地让场面气氛变得轻松有趣。

事实上，技巧性的谈吐包括很多内容，可以引用一些历史典故来说服对方，或者举些周围的实例也比较有效。下面便是马云在自己的员工大会上发表的一篇演讲：

"我不相信就凭我们这点努力、这点聪明可以获得今天的成绩。看看边上的人，这个人，那个人，人家比你更努力。千万不要认为是你们努力才变成这样子的，无数的人努力，很多的机遇，都是凑在一起形成了今天的局面。

"绝对不是我们伟大，当然我们也没有多么愚蠢，我们抓住了很多的机会，但是难道后面的机会个个都能抓住吗？很难说。

"经历过很多的失败、很大的挫折的人，那这辈子才没白过——又有成功，又有失败。除非你是赵云，《三国演义》里最伟大的是赵云，72岁的时候，身上一点伤疤都没有，从来不败。万军之中取上将人头，打进打出，身上都没伤疤。72岁的时候，那才不得了。诸葛亮可以让他进，让他退，让他打仗，可以让他一枪把对方刺死。他说不要一枪刺死。追30米，从后面就刺死了。

"一个公司持续发展15年、20年，你参与以后，经历了各种灾难，比如非典，我们都熬过了。我们后5年才会更精彩。5年以前没有人知道我们，我们是在水下面，今天浮出来了。所有的弓箭、枪对准我们的时候，我们要狂奔10年，等到这个过了以后才是一辈子的财富。"

这篇讲话是马云在点评公司员工的业绩时所发表的演讲，讲的是能力的累积以及怎样让公司文化及个人能力一直传递下去，以此来激励员工要永不懈怠地工作。

1935年，在巴黎大学的博士论文答辩现场，法国主考人曾经向年轻的中国学者陆侃如提出一个奇怪的问题："《孔雀东南飞》这首诗里，为什么不说孔雀西北飞？"陆侃如这样答道："西北有高楼！"主考官本来是故意为难他，但是陆侃如却巧妙地运用了《古诗十九首》里的这句名诗"西北有高楼，上与浮云齐"来回答孔雀飞不过去，就是因为西北有高楼挡着了。这个典故运用得实在巧妙。

总之，在与他人交流沟通时，如果能利用一切可以利用的技巧，来使自己的言谈更能深入人心，就能让谈话起到事半功倍的效果。尤其是如果能恰到好处地运用一下典故，那么你说的话就会变得寓意无穷。

Mr. Ma's
WAY OF SPEAKING

第八章

观点独到，方能吸引听众

1. 说话要有点个性色彩

想要知道一个人的性格其实很简单，不用做测试，也不用调查背景，只要他一开口，个性便展露出来了。很多时候声音便是一个人心声的表达，只要我们用心去倾听，就能明白这个人有着怎样的个性。

一个人拥有什么样的口才很重要，尤其是在陌生场合与他人攀谈时，如果能够带点个性色彩，那么会更加有利于你们之间的交往。下面便是马云在教大家如何成功时一段经典的话：

"有三种人不能成功：拒绝朋友的、拒绝信息的、拒绝财富的。信息时代已到来，你还拒绝什么？相信自己，想赚钱的朋友，来！全新的趋势！全新的商机！积极的朋友行动起来证明，消极的人坐以待毙！

"很多人看机遇的四个阶段：第一阶段：看不见；第二阶段：看不起；第三阶段：看不懂；第四阶段：来不及。今天要懂得抓住机遇，挑战富豪，才会获得成功！机会你看不懂！他看不懂！智者看得懂！事业你不做！他不做！勇者去做！有一种人只做两种事：你成功了他妒忌你；你失败了他笑话你。而他本人是这个世界上最没有成绩的人！如果你想成功，一定要关注更多的商业信息，迅速地看懂商机，并马上采取行动，为事业拼搏到底！"

马云的这段话虽然简短，但是个性十足，很准确地讲明了成功所需要的条件，以及如何去认识成功。很多时候，具有个性的言谈不仅能吸引对方的注意，还能因此勾起对方的好奇心，从而认真地听完你的讲话。

我们时常会看见一些广告商在宣传广告用品时，总是加上一些富有个性的广告语，因为聪明的广告商明白，如今的商品琳琅满目，宣传上各出奇招，如果想从中脱颖而出，成为最能吸引观众的那一个，就得用一些吸引人眼球的个性语言。同样地，如果我们在日常谈论中，也能够将"个性"融入语言中去，那么必定锦上添花。

2003 年 2 月，马云在亚布力论坛上，观点依旧犀利而富于个性。

主持人："有一成语叫'珠圆玉润'，为什么中国人那么喜欢珍珠宝玉呢？可能从某种意义上来说，珍珠是蚌壳的眼泪，沙粒进入了蚌壳，由于痛苦它就会产生很多的分泌物，越痛苦它就包裹得越多，珍珠也就越加饱满、圆润。也许这正是一种修炼的过程，我们的人生只有经历痛苦之后才能收获成长、走向成功。

"接下来我们要请出的演讲嘉宾，他曾经说过'男人的胸怀是被委屈撑大的'，他的人生经历也被网友们热议，作为企业领袖，他带领着自己的团队打造了一个又一个企业神话。2012 年 11 月份他们网站的网上交易额首次突破了 1 万亿大关，因此他也被冠以'万亿猴'的称号，有请阿里巴巴马云。"

马云："讲到'珍珠'的时候我吓了一大跳，我以为我怎么那么圆润呢？我以前是圆润的，10 年中国创业把我变成了这个样子。各位晚上好，特别高兴能够来到亚布力。其实亚布力我来过几次，每次来我都特别高兴。来之前轮值主席在门口跟我讲，等会儿是我演讲。我真不知道今天要讲什么，我在下面听了大家讲的以后，想表达一下我最近的想法和看法。另外一个，我觉得亚布力不比达沃斯差。亚布力有味道，达沃斯讲的问题太远、太大，几乎就是跟你不怎么沾边儿，在这儿我们讲的所有问题都跟我们有点关系。反正企业家讲企业家的，经济学家讲经济学家的，各讲各的，我一贯认为经济学家讲的大部分东西是不靠谱儿的，在这儿讲的是很靠谱儿的。维迎对很多问题跟我有不同的看法，但是不妨碍我们在亚布力一起共同努力推进中国经济的发展。这才使不同的观点在一起。我们才真正叫和谐的发展。"

每个人在培养自己的说话个性时，应根据自己的性格特征、情趣爱好、思维能力、知识结构等有所选择。另外，同样一个人，在不同的场合、不同的环境中，其说话的个性也是有所不同的，我们说出的话一定要"应景"。

说话的个性是每个人身上的自然特色，任何单纯模仿、没有个性的说话都毫无风度可言。因此，从现在开始，发掘自身的亮点，找准属于自己的那个套路，这样你说的话也就有了属于自己的"味道"了。

2. 说话内容有新意才吸引人

网络上有一位博客评论者，他所评论的内容不是在重复过去就是在用基本的官方宣传，毫无新意，因此点击率频频下降。其实说话也是个"技术活"，不仅要精确还要懂得创新。

一个人如果懂得构思说话框架并懂得为言语增加新意，那么说出的话就一定能吸引人。大多数成功的演讲者之所以能吸引听众，就在于他们的演讲中会出现一些新奇的句子或词语，打破了一贯沉闷的演讲模式，让听众耳目一新。

下面便是马云一篇14分钟的励志演讲稿，演讲的题目是"没有大量的虾米，鲨鱼会死掉"，让我们来看看马云是如何体现这份"新意"的：

"因为你聪明，团队不愿意跟你讲真话，怕跟你讲真话。毛主席讲过：'让毒草长出来。'让毒草先长出来，领导者善于发现好的东西，不好的东西也要拿出来，以后再给它弄死。

"我有一个想法和要求，希望在座的每个人，不管你以前是干什么的，我们正视互联网、欣赏互联网。这个东西真奇怪，我们搞死也搞不过它，越来越搞不过它。我们还很弱小，我们到现在为止是没有超过 100 亿美元市值的公司。你说能成为世界级的伟大公司吗？人家都搞到 1700 亿了。但是这不等于我们这里不存在互联网的精神。

"我为什么去做阿里妈妈？因为互联网的文化是一个生态链，互联网绝对不可能让几个超级大网站独霸天下。海洋里面不可能只有几条鲸鱼、鲨鱼，而没有大量的虾米。没有小的东西，鲨鱼、鲸鱼都会死掉的。阿里巴巴需要有生态链，我们必须为将来自己生存的环境而努力发展。

"有无数的中小网站，博客、论坛。这些活不下来的话，我们鲨鱼会死掉的。为这些环境做事情的时候，你这个企业会做得更强大。

"阿里巴巴要感谢中小型网站，没有中小型网站，新浪、网易门户封杀的时候，淘宝就没了，至于赚不赚钱，我们 forget it。今天阿里巴巴有这个能力做一些围绕着战略做的事情，战略永远是重要而不紧急的事情，但是改造生态环境是很重要也很紧急的。"

马云在讲述"互联网生态链"的时候，并没有老生常谈，说互联网发展所不可缺乏的一些因素和条件，而是用自然界生态链的说法从侧面反映互联网缺乏小型资源的弊端。这便是不死板、不程式化的表现。

古人曾有诗云："绿阴不减来时路，添得黄鹂四五声。"在映入眼帘的满目绿景之中，又传来黄鹂的欢快叫声，那么就会别有一番情调，更能吸引人心。同理，如果我们能在平实的言谈中，巧妙地渗入一些新的东西，就能使我们的言谈具有迷人的魅力和产生积极的影响。

说话有新意，一是为了让自己说出的话有价值，二是为了让整个话题有魅力。就像世界上没有两片完全相同的树叶，大自然也不喜欢重复。当然，要让说话内容有新意，也必然有许多方法，但首先要有自己真实的个性和积极的自我意识，要有敢于标新立异的意识。一个人如果不能发现和发挥自己的与众不同之处，不敢表现真实的自我，那就不可能用真诚的语言表达自己真实的想法，也不可能推陈出新。

　　因此，如果我们不想让自己的演讲俗套、死板，那么做事和说话的时候就应该不断创新，这样你话题中的新意才会成为谈话成功的起点。

3. 睿智语言"剑走偏锋"

不知道大家认真观察过围棋与象棋没有，围棋与象棋最大的一个区别就是，围棋某一处子的用处，很多时候并不是立竿见影，并且很大程度上，整个局面的操控都是由后继的落子所决定的，其变化要远胜于象棋。围棋的局永远都在下棋者心中，且步步生变，因此往往很难有人猜到最后的结局。

善弈者马云就以"善变"著称，他在某些事情上的做法常常被形容为剑走偏锋。马云能够走到今天，就在于对待任何事情，他都能以"变"字为先，他手下的"棋局"风云莫测，让人琢磨不透。

阿里巴巴网站在互联网热潮退去后便归隐西湖，除了每年一次的西湖论剑便再没有了声息。直到 2005 年，阿里巴巴网站才又重新活跃起来，而马云也重新走进人们的视野。"我们要推出'贸易通'。"马云一上来就发表了自己独到的意见，

"我要强制我们网站上所有的注册会员都用这个软件。"

"商人是个很特殊的群体，和年轻人是不一样的。商人很被动的，他不会自己主动去学习使用网上的东西，所以他们中知道 QQ 的很少。"马云认为，目前只有使用强制的办法，才能令他的

商人会员们使用这个好东西。当商人们认识到这个东西确实能为他省钱、赚钱的时候，让他们丢他们也不会丢掉了。

"阿里巴巴从今年5月份起，每天就收入100万元了。到了9月份我们的利润已经超过了1亿元。"当然，这还不包括那些被阿里巴巴拒之门外的、心急火燎的商人拎到阿里巴巴公司的装满现金的手提箱，因为阿里巴巴从不收不诚信商人的钱。阿里巴巴会定期给它的商人会员们搞一些培训，因为马云认为帮助这些会员成长比挣他们的钱要重要得多。

马云说话很富有煽动性，尽管有些话听上去很疯狂，但从他的嘴里说出来就让人有些相信，不敢完全否定。尽管在目前，很少有网站能够强迫网民干什么事情，但是马云却说出了这么"蛮横"的话。

齐白石曾经说过："学我者生，似我者死。"唯有剑走偏锋、超越前人才能得到真正的进步。从马云的"指东打西""指南打北"中，不难看出马云是个真正的高手。马云每次出招，总是让人不可理解，尤其是在他刚出手的时候。从早期创办阿里巴巴，到后来推出淘宝、支付宝，马云似乎总喜欢干些别人认为不能干的事情。

有段时间，企业家为慈善捐款的事情不少，有"股神"巴菲特、"超人"李嘉诚，有步步高老板段永平、网络富豪丁磊，面对这场捐款风波，身为"中国第一网商"的马云，自然也绕不开慈善捐款的话题。然而，马云在接受记者的采访时说出的话却出人意料。

"我刚好和很多人相反，认为现在的中国企业家还没到专注于慈善捐款的时候。"马云认为，对眼下的中国企业家来说，最大的善举不在捐款，而是搞好自己的企业，"第一，你要为社会承担责任，你的企业提供的服务、生产的产品要对社会负责；第二，你得依法纳税，不要逃税漏税；第三，即使有钱了，你也不一定就得着急捐出去，可以好好扩大投资，把企业做得更好更大，增加更多的就业机会，让社会的财富滚动起来，等你六七十岁的时候再把自己的财富捐出去也不迟"。

就在这次采访不久之前，马云参加了一场慈善捐款活动，并承诺要捐出一笔钱，没想到主办者半开玩笑半激将地对他说："××老总可是捐了1000万元哟！"这话让马云很是不爽："我要大力提倡捐1块钱的风气，不要总是把善心、爱心和捐款金额挂起钩来！"马云一再强调，善心、爱心并不是富人的专利，提倡捐1块钱其实是提倡让更多的人发扬爱心。

事实上，每一个成功的企业家都是剑走偏锋的高手，他们在不断创新、不断冒险中前行，他们在一次次失败后重新站起，正是靠脚踏实地的创新和冒险精神。他们的"智商"可以不高，但他们有绝对高的"情商"和"意商"，即有着激情和坚忍的意志力。

生活中，如果一个人善于将话说得巧妙，那么就可以使自己的生活愉快而有趣。"剑走偏锋"虽然有时带着一定的"杀伤性"，但是如果我们能够有技巧地说出，那么就可以弥补语言上的一些负面作用。

4. 倒立看世界，一切皆有可能

在不少人眼里，马云就像是一个来自火星的异类，但是马云却很乐意去做这个异类。马云有一个绝活：单手倒立，他能够一只手撑住，倒立数分钟而面不改色。他不仅自己练倒立，还要求全体干部员工练倒立。他说："当你倒立时，世界会变得不一样。"

马云所说的倒立，是一种"创新"，亦是一种"颠覆"，就是这种"倒立"看世界的精神，用一个完全不同的视野，带领倒立着的马云与倒立着的阿里巴巴人一路成功走到现在。可以说，马云的"倒立"不仅振兴了一个公司，还改变了一个网络时代。

马云自 2003 年以来做了一个特殊规定：每个进入淘宝网工作的人员，无论胖瘦、高矮，都必须在 3 个月内学会靠墙倒立。男性须保持倒立姿势 30秒才算过关，对女性的要求稍低些，10 秒即可，否则只能卷铺盖走人。为什么要练习"倒立"呢？一是可以锻炼身体，这种方法不用任何器械，训练很方便；二是通过练习倒立，可以促使大家对任何一个问题都能够用另一种眼光来看待，养成"换位思考""逆向思维""多位思考"的习惯，培养创新精神。自此，"倒立"成为阿里巴巴企业文化的一个重要元素。

此后，马云无时无刻不在鼓励这种"倒立"视角。2008年8月的一天，马云突然找到秘书，神秘兮兮地说："走，跟我去淘宝！我今天要临时抽查，要所有高管都给我倒立，看看他们会不会。"在淘宝专门的倒立室里，每一个高管轮流在马云面前演示倒立。果然，有几个高管没能完成。马云甩下一句话："限期整改，过段时间复查。"几位没有过关的高管人员，通过训练很快就掌握了倒立的技巧。

马云始终在走特立独行之道，不断打破常规，在与竞争对手过招时，从不按规则出牌。马云有很多奇特的"倒立观"，他信奉这样的理念："如果一个方案有90%的人都说好的话，我一定要把它扔到垃圾桶里去。因为这么多人说好的方案必然有很多人在做了，机会肯定不属于我们。"伴随着阿里巴巴网站的成功，马云也以"反其道而行"的商业思维成为具有反常规精神的企业家代表。

"倒立观"显示了马云的特立独行，这是在经过百般研究与探讨之后得出的精辟之言。这种"倒立观"不仅显示了马云不同于常人的视角，而且还显示出马云别具一格的思维方式。

无论是输是赢，都是人生必须要经历的一个过程，只要我们能够勇敢地选择前行的方向，那么就注定了选择胜利和失败的可能。但人生的关键在于：永不减灭心中的热情，只要你敢说敢做，那么你就是预言家。

2008年3月，马云在湖畔学院发表了一段讲话：

"谢谢大家，我一直盼望有一个关于领导力的探讨。听大家的讨论，听得也很开心。很多很多想法都在撞击我。

"我一直在做一些事情，但是做得对不对，还有平时在做的、在讲的一些东西，和大家想的是不是一样，没有和大家探讨过。很多东西讲了，但一直没有充裕的时间来整理。这次，大家把手头上很重要的事情都放下来了，我觉得探讨领导力是最重要的事情。

"我自己刚才也在反思阿里巴巴未来的战略，到底该怎么来领导，我们需要什么样的领导力。我自己这么看：这世界上所有领导者的最高境界是一样的，不管你是做平台也好，做各种各样的技术也好。

"我自己比较有幸见过许多优秀的领导者。我见过很多诺贝尔奖获得者，见过非常优秀的总统，像克林顿，也见过很多优秀运动员，还有优秀的艺术家，我也在达沃斯世界经济论坛上见过各种各样的人。我发现这些人其实都是一样的，包括我见到过不少很朴实的农民。如果他做得好的话，一个优秀的农民和公司的领导者有着一样的境界。优秀的领导者在境界上其实是相通的，他们有共同的品质和思想。

"今天不管领导什么，就算是一个农民，他想做好，也必须作为一个优秀的领导者来管理田里面的庄稼——怎么分配他所有的资源，怎么去跟别人协调。反正，我听了大家的发言之后，感受到的其实不是我们将来做什么样的领导，而是做任何事情都需要领导力，都需要同样的品质和素质。"

在马云的眼中，各色各样的人只要做得好，他们的境界都是一样的，都处于同等的高度，因为他们有共同的品质和思想。马云认为，我们每一个人都是哲理大师，我们的思维和说出的话都可以不按照常人的路子，就像马云的那句口头禅一样："倒立看世界，一切皆有可能。"

5. 标新立异，永远不做大多数

日本企业界曾提出这样一句口号："做别人不做的事。"也就是说创业开店做生意，要寻找冷门，另辟蹊径。如果将这句话用到我们平日的说话上，那么便是一种有特色的象征。因为很多时候，一些标新立异的话，往往会有种无招胜有招的气势。

马云就拥有这种气势，主要是因为他所说的话，常常会让人感到很独特，这种独特是很多人所没有的，是马云特有的思想与个性。

那个时候，风险投资商们都知道阿里巴巴并没赚钱，而且缺钱，因为某些网络公司是"烧钱"的主，庞大的运营费用终会将马云压得喘不过气来。幸运的是，马云在全球的巡回演讲起到了一箭双雕的作用。马云知道，唯有做到控制市场、占有资本，才能积聚底气，高枕无忧地"享受"阿里巴巴蒸蒸日上的未来。

1999 年 7 月的一天，马云在湖畔花园那个房子的客厅里接了个电话，然后看了看正在公司的人，对彭蕾说："你和我一起出去一趟好吗？"

于是他们就一起走了，到了外面彭蕾才知道，马云和她是要去见投资人，但是她和马云一样没什么准备，她带了一个普通的本子，马云干脆什么都没带就过去了。

例行的寒暄过后，谈判很快进入了实质性的问题，可是马云不满意股份比例，于是马云提议让会议暂时停一下，对投资经理们说："我们要出去走走。"

马云和彭蕾下了世贸的电梯，走到就在边上的曙光路上。一开始马云默不作声，过了很久他突然问了一句话："你觉得怎么样？"彭蕾说："马云，公司账上没钱了。"

马云不吭声，又走了一段，说："好了，我们回去吧。"到了饭店的房间里，马云对对方说："我们认为阿里巴巴的总价值是我们所认为的那个，你们的看法与我们的差距太大，所以看来我们无法合作。"就这样结束了这次谈判。彭蕾还记得谈判结束后，她随马云下电梯是和对方的一个人一起下来的。在电梯里那个人还特别遗憾地对他们说："你们错过了一个机会。"

一个名不见经传的阿里巴巴，何以对风险投资如此挑剔？马云解释道：他希望阿里巴巴的第一笔风险投资除了带来钱以外，还能带来更多的非资金要素，例如进一步的风险投资和其他的海外资源。为此，马云总共拒绝过38家投资商。

其实我们每个人都有好奇心，满足人们的好奇心和求知欲本身就具有令人兴奋的作用，打破常规标新立异就是设置兴奋点的很好的方法。在如此吸引人的投资面前，马云并没有表现得疯狂热忱，反而静观形势，甚至在拒绝了一些投资之后，马云依旧带着自己的团队为阿里巴巴找寻可以注入的资本。

无论是做事还是说话，标新立异总能吸引听者的注意，因为人们在面对崭新的思想时，往往都充满了好奇与期待。新东西总是能够吸引人，何况是有特点的讲话呢？

　　马云认为孙正义和他是同一类人，都具有"敏锐直觉"。"孙正义是个大智若愚的人，他神色木讷，说的英语很古怪，几乎没有一句多余的话，仿佛武侠中的人物。在这6分钟内我们都明白了对方是什么样的人，我们都是相信直觉、迅速决断的人。孙正义理解了我的精神。世界上有钱人很多，但能让阿里巴巴存活下来的只有他一个，因为马云也只有一个。"

　　马云说："我相信孙正义喜欢我，所有的投资者都喜欢我，因为我老实地说我想做成这么一件事情，这件事的结果一定会带来很多钱，所以他看见的是我这个眼神。全世界有钱的人很多，但全世界能做阿里巴巴的人并不多，我觉得这是我们的信心所在。你不给我钱，另外有人给我，我就找愿意给我的人。全世界有很多投资者，但马云就一个，没办法。"

能够承认自己的实力，并且将之讲得如此有个性的人，估计也只有马云一个，正是这种个性、这种独特为马云赢来了许多事业上的人脉与贵人。

生活中，如果我们每个人都能像马云一样将话说得与众不同，那么自然会引人注目。尤其是经过深思熟虑之后所说出的话，就更加能吸引人。

6. "唱反调"也是一种技巧

从创新与个性的本质上来说，偶尔的"唱反调"往往会产生颠覆性作用。"唱反调"听上去可能会让人觉得不舒服，可是在某些商业场合，尤其是在谈判场合，巧妙地使用"唱反调"的技巧，也许会在最后出现不一样的效果。

1999年，马云开始了阿里巴巴的创业征途。这年10月份的一天，他被安排与雅虎最大的股东、被称为网络风向标的软银老总孙正义见面。

孙正义是有名的网络投资皇帝，也是国际知名的电子时代大帝，他在当时联合了中国国内的几家机构搞了一个项目评估会，打算挑选一些有潜力的公司进行投资。马云正是因为这个原因，被安排与孙正义见面。

当时，项目评估会的协调人告诉马云："你只有6分钟的时间讲解，然后大家提问题。如果6分钟听完了以后，大家对你没兴趣，觉得没意思，没什么机会你就走人了；如果对你这个话题感兴趣，大家互相提问的时间会长一点。"

如何用6分钟的时间把阿里巴巴的电子商务计划说清楚并让

投资方感兴趣？马云的语言天赋在此时发挥了巨大作用。据当时参与项目评估的 UT 斯达康中国区总裁兼 CEO 吴鹰回忆，他不太懂电子商务，因此对马云的讲解听得云山雾罩，但他能够感觉到马云非常有激情，而且讲解得也还是很清楚。

孙正义则不然，在听了马云五六分钟的介绍后，他就初步了解了阿里巴巴的商业模式，所以，他立即做出了投资的决定："你们这个公司能做成全世界一流的网站，要做，要做，就你们这个网站有希望。"

他对马云说："马云，我一定要投资阿里巴巴。"

马云当时怎么想的我们无法得知，但我们可以从下面这些对话中发现他的说话技巧。

孙正义问马云："你需要多少钱？"

马云回答："我不缺钱。"

孙正义问："不缺钱你来干什么？"

马云回答："又不是我要找你，是人家叫我来见你的。"

越是得不到的，就越是想要得到。马云这种"唱反调"的回答策略，反而进一步刺激了孙正义。临走时，孙正义请马云去日本的时候一定要和他当面详谈。

没多久，马云到了东京，和孙正义具体谈融资细节。一见面，孙正义单刀直入："我们怎么谈？"这一次，马云再次利用语言技巧来达到了他的目标。

他说："钱不是问题，但你必须同意我的三个条件。第一，希望你亲自做这个项目；第二，你要用自己口袋里的钱投阿里巴巴；第三，公司的运作必须以客户为中心，以阿里巴巴长远发展为中心，不能只顾风险投资的眼前利益。"

几分钟内，双方就达成了协议。2000年1月，双方正式签约，软银投入2000万美元帮助阿里巴巴拓展全球业务，同时在日本和韩国建立合资企业。

　　在第一次面见孙正义时，马云并没有像多数商业合作者那样表现得非常积极，反而用很傲气的语言跟孙正义"唱反调"。结果出人意料，因为马云的态度刺激了孙正义，因此得到第二次与他见面的机会，而这次机会让马云已经一只脚迈进了成功的大门，这就是一种语言策略。

Mr. Ma's

WAY OF SPEAKING

第九章

保持初心，永不放弃

1. 永远保持最初的激情

马云曾经说过这样一句话："短暂的激情是不值钱的，只有持久的激情才是最赚钱的，不能经受挫折的激情只能算是冲动。"激情是人们对事物的强烈兴趣和热衷的表现。马云认为，只有贯穿始终的激情才是成功的保障。

"永远保持最初的激情"是马云给每个创业人士与阿里巴巴员工的最贴切的忠告。马云语气坚定，我们似乎可以看出马云随时保持的高涨情绪与那股冲劲。

中央电视台播出的《赢在中国》是一档全国性的商战真人秀节目，获胜者可以获得企业提供的一大笔风险投资，因此有不少人报名参加，马云正是其中颇有分量的评委之一。

在第一赛季晋级篇第五场中，有一位来自美国的工商管理硕士、电子工程硕士直接被马云 pass 掉了，这让现场的人都很吃惊，毕竟这位硕士是带着自己事先就准备好的计划与创业激情来到现场的。

对于现场人士的惊讶，马云给出了这样一番自己的理由："第三位选手，我很想坦率地跟你讲，你最好别创业。这听起来挺难受，但是刚才吴鹰也讲了，创业很累，创业的失败率很大很大。从你的性格来看，我觉得你比较适合做一个工程师，或者是在一个已经创业成功的团队里面承担一定的工作，这是因为你的条理、你的理性，以及你的温文尔雅，而创业者都是疯疯癫癫的多一点。如果你真的要创业，我建议你MBA毕业以后先找一份工作，到中国来干5年，5年以后还想创业，你再创业，5年一般会消灭很多创业的想法。你这个项目什么时候需要熊总、吴总和我们投资的时候，你已经找到1000个客户每人付你300美元的时候，我们再好好谈一谈好不好？"

马云之所以下这样的结论，其实也是有根据的。因为在参赛选手当中，这位硕士可以说是项目准备最不充分的一个，他的团队在当年5月才成立，6月初才开始找项目，6月10日前后面试通过进入节目选手的108强，6月18日到北京参赛。其实在前36强中，选手大多都是有经验积累的人，虽然这位硕士满怀热情，但是短时间成立的团队，经得住创业当中种种磨难的考验吗？

马云曾经说过："我觉得我们可以很穷，但不能没有对未来的想法，不能对未来没有希望。新鲜感太重要了。其实很多人在坚持的一个所谓的梦想，只是把这个梦想的新鲜感传给别人，让人家扛住，你不断在里面挖掘。我觉得新鲜感要给自己，要给所有你服务的人，要有不同的东西。"

下面是马云在2007年12月为公司"五年陈"销售员工发表的一段演讲：

"我们反思这么一个问题，我们特别不希望阿里巴巴老的员工、老的干部就像当年的万元户，我特别不希望我们这些人熬了五年八年，一会儿就没了。这些钱现在来看不少，未来看不算什么，我们公司还在布局之中。

"我们要做 102 年，这不是一个口号。我每天都在想，北京也好，全世界也好，人家的百年公司最重要的基因是什么？

"我们还要走 94 年，电子商务才做了 20 年，光靠 B2B 不行，我们加上淘宝、支付宝，整个大局合起来，整个产业链打通，才有可能走 20 年、30 年。30 年以后可能是一个新的行业，我们有可能进入生物科技，有可能进入月球探索，那个时候我肯定不是 CEO，也不知道下一个 CEO 会把我们带到哪里去。

"但是文化里面，企业价值观不会变，30 年以后，我想 30 年以后我们这些人死掉的可能性不太大，估计能活个三四十年，三四十年以后的 CEO 还是要听我们的，听我们的文化、价值观。我们等于是长老院里面的人，我们还是要决定我们认为对的事情。"

马云在给阿里巴巴人的讲谈中，总会提到"持久激情"这个词，经历了那么长的时间，还能将最初的那份新鲜劲保留到现在，在马云看来这便是极其可贵的。实际上每个人最初可能都会怀有创业的激情，可是由于现实的残酷、时间的消磨，慢慢地很多人当初的那份激情消减，曾经的那份新鲜感也荡然无存。

"永远保持最初的激情"代表着马云的坚定，不论经历多大的挫折，不论已经攀登到何种高度，马云总是能带着这股"新鲜劲"在下一个山头插上另一面胜利的旗帜。

也许我们每个人都应该学一学马云的那份坚持，都应该努力让自己心中曾经怀有的那份激情永远燃烧下去。或许下一刻，我们便会到达繁花盛开的彼岸。

2. 无论被拒绝多少次，再说一次

"今天很残酷，明天更残酷，后天会很美好，但绝大多数人都死在明天晚上，见不到后天的太阳。所以，我们干什么都要坚持！"这句时常被马云挂在嘴边的话，如今已经成为马云成功后必备的复习话语。

马云在创业初期所遇到的种种挫折与失败估计是很多人都想不到的，但是即便面对再大的挫折，只要有一点机会，马云都会抓住不放。因为有机会就是有希望，无论被拒绝多少次，只要你再说一次，说不定就打动了对方的心。

2003 年 2 月，当马云和孙正义就进军 C2C 市场一事达成高度共识时，他知道，第四次融资的事已是板上钉钉了，因为孙正义是非投不可的，关键是投多少和占多少股份的问题，这才是谈判的主要内容。

2003 年 7 月，不出所料，孙正义的越洋电话来了。在电话里，孙正义正式提出了二度注资的想法，双方约定几天后在日本东京会面。到东京后，在马云和孙正义初步定下调子后，蔡崇信与孙正义及其手下开始了正式谈判。谈判进行得很激烈也很艰苦，焦点集中在两个问题上：一是孙正义二次投资后是否控股，二是阿里巴巴员工能否持股。蔡崇信可谓谈判老手，况且他也和孙正义交过一次手，但这次谈了很久，双方还是僵持不下。

会场休息期间，马云去了趟洗手间，孙正义也跟进来，双方对视了一会儿，马云突然提出了一个折中的方案："我觉得8200万美元是个合适的数字，你觉得怎么样？"孙正义想了一下，很痛快地同意了："好，那就这么定下来。"

回到谈判桌前，他们告诉在场的人问题解决了。蔡崇信说："他们两人去洗手间时，还显得有点紧张，再回到谈判桌上时已经笑容满面了。"为什么马云要提8200万美元，不多不少？

"这是平衡的结果，投资者和我们都作了妥协。"马云这样解释。在软银二度注资之后，其股份已经增至接近30%，但尚未达到相对控股，相对控股的是包括管理层在内的阿里巴巴员工股。

阿里巴巴的第四次融资在马云的一再坚持下取得了成功。马云曾说过："关注对手是战略中很重要的一部分，但这并不意味着你会赢。"但是，如果我们能够一而再地坚持下去，那么说不定结局就会有所改变，或许最后我们依然无法扭转局面，但是由于我们的坚持，局面也会发生很大的改观。

其实做任何事都是一样的，如果我们能够一直坚持下去，或许真的就能得偿所愿。尤其是在一些工作场合，对于一些销售人员来说，坚持不懈更是成功法则。也许这一次你没有说动对方，但是下一次、下下次呢？无论被拒绝多少次，只要你有再说一次的机会，那么就请你继续吧，因为胜利就隐藏在"下一次"中。

当我们遭遇他人的拒绝时，首先要做的就是放平心态。因为成功本来就暗藏了许多波折，我们要做的不过是放宽心，继续坚持我们的初衷。马云一路走来也经历了不少挫折，但是我们可以看到，他对事情总是抱有希望，即便局面已经剑拔弩张，他也会心平气和地坚持到最后。

3. 告诉自己，别失去信念

马云在回应十大争议并发表《时间会证明一切》的演讲时说过："不知道结局的乐观，那是盲目的乐观，我们要乐观但不能盲目乐观。所谓知天命就是你看到了结局仍为之。何为无为而治？无为，无乃空也，仍为之，这才是人生。知道结局很悲观，你还要去干，那才是高手，那才叫境界。我并不悲观，相反，我乐观了很多。"

从阿里巴巴创立以来，马云心中一直屹立不倒的是最初执守的那份信念，不论遇到任何艰难曲折，他总是会不断地告诉自己，就算结局再差，也别失去信念，就是这份执着与坚持让马云坚强地走到现在。

"每次打击，只要你扛过来了，就会变得更加坚强。我又想，通常期望越高，失望越大，所以我总是想明天肯定会倒霉，一定会有更倒霉的事情发生，那么明天真的有打击来了，我就不会害怕了。你除了重重地打击我，又能怎样？来吧，我都扛得住。抗打击能力强了，真正的信心也就有了。

"2001 年网络泡沫破灭时，那三十几家公司，我记得现在全部关门了，只有我们一家还活着。我们是坚持信念的人，我们是坚持梦想的人，所以能走到今天。

　　"100个人创业，其中95个人连怎么死的都不知道，没有听见声音就掉下悬崖；还有4个人是你听到一声惨叫，就掉下去了；剩下1个可能不知道为什么还活着，但也不知道明天还活不活得下来。

　　"我没有关系，也没有钱。我是一点点发展起来的。我相信关系特别不可靠，做生意不能凭关系，做生意不能凭小聪明，做生意最重要的是你明白客户需要什么，实实在在地创造价值，坚持下去。这世界最不可靠的东西就是关系。"

　　这一段段发自肺腑的话体现的便是马云所怀有的决心与信念。在马云眼中，信念就是支撑一个人遇到挫折后能够继续走下去的决定因素之一，信念是一个人对所追求目标的执着，一旦这种执着动摇了，或者被磨灭，那么希望也就不复存在了。

　　生活中，有的人总是喜好埋怨，不是埋怨命运不公，就是埋怨自己的出身，他们心中没有一点希望之火，也没有什么信念可言。那些从他们口中道出的哀怨紧紧将他们包裹起来，使得他们终日不见阳光。

　　创业过程中，创业者必须有一个信念并为之坚持不懈，同样地，一个企业想要持续发展也必须有一个远大的梦想，有了梦想之后，才能在信念的支撑下坚持下去。这样在最困难的时候，只要将坚定的信念放在首位，熬住了，一旦机会来临，成功自然便会随之而来。

　　我们可以看到，即使在阿里巴巴最困难的时候，马云依然坚守自己的信念不动摇，勇往直前。最终，阿里巴巴熬住了，活了下来，并且成了全球最大的电子商务网站。

　　马云的成功没有什么宝典，只有"永不放弃"的信念。不论任何时候，他始终都在告诉自己，别让信念倒下去。在"互联网的冬天"，很多网站都倒下了，阿里巴巴却能够渡过一个又一个关口生存下来。

4. 嘴上执着，心中才能更执着

"言由心生"，意思就是一个人说出的话、做出的事往往能够反映这个人的内心。通常在嘴巴上十分"执着"的人，这个人也一定执着，因为从他的言谈举止中，我们就能看出这个人内心是否坚定。

马云在商场中偶尔表露出的坚定神态和执着的语气，很容易让人判断出他究竟是一个什么样的人。从那种发自内心的执着和在谈论事情中偶尔紧锁的眉头，完全可以看出马云朝着自己的目标迈出的脚步是多么坚定。

2005年，马云被邀请走进央视"新闻会客厅"参与录制《对话》节目，在节目中，马云所表现出来的坚持，留给观众很深的印象。

主持人："商业上的合并会是一种文化上的整合，六百多名雅虎员工到杭州来，是不是意味着将来新阿里巴巴的价值观、文化是以你们原来的为主，是要覆盖雅虎原有的文化？"

马云："是的。我跟雅虎的同事做过很重要的两次沟通和交流，我第一天去就对他们说得很清楚，第二次我更加明确。我说经济条件、经济利益、办公条件我们都可以讨价还价，但有一样东西是不能讨价还价的，那就是企业文化、使命感和价值观。我们告诉大家，我们的企业是一个由使命感驱动的企业，让天下没有难做的生意，创办中国以及全世界最好的公司，做102年的公司。这些目标从第一天起到现在为止，我们不想改变，我们也不会改变。从今天起到未来，我本人以及今后接任我的CEO都必须按照这个目标走，这个我不跟大家讨价还价。文化，我们有今天的价值观不是因为阿里巴巴成功，而是中国几乎所有的企业成功都必须拥有这样的价值观、使命感，所以不管我们购买任何公司，不管我们做任何事，都会按照这条路走下去。"

似乎不论马云带领阿里巴巴走得有多远，他心中最初的那份信念一直都没有变化，这也是马云成功的秘密。从他口中吐露的那些坚定不移的信念，正是马云内心对成功和信念的执着，而因为这种执着，他才能直面这个世界，为自己打造出一条成功之路。

5. 我的成功不是偶然

马云曾经说过这样一段话："对所有创业者来说，永远告诉自己一句话，'从创业的第一天起，你每天要面对的是困难和失败，而不是成功'。我最困难的时候还没有到，但有一天一定会到。困难不能躲避，不能让别人替你去扛，任何困难都必须你自己去面对，创业就是要面对困难。"

从马云经历的挫折和失败中可以看出，他的成功并不是偶然，成功是需要耗费时间和精力去实现的，并不是一蹴而就的事情。马云的语言显得很真挚，也让我们看到他自身所怀有的那份坚持。

1995 年，马云因英语能力很强被浙江省交通厅委托到美国催讨债务，就是因为这次意外之行，马云在西雅图接触到了互联网。当时的马云认定了互联网是一座金矿，回国后便凑了 2 万元启动资金创建了海博网络，正式开启了中国黄页项目。

对于最初的这个决定，马云事后回想起时总说自己是"盲人骑盲虎"。马云说："发现互联网以后，我对技术一窍不通就敢去干，到目前为止，我对电脑的认识还是停留在收发邮件和浏览页面上，我还搞不清楚该怎样在电脑上用 U 盘。但是这并不重要，重要的是你的梦想是什么。晚上想千条路，早上起来却走原路，不采取行动，你永远没有机会成功。"

1995 年，那个时候很多人还不知道互联网为何物，因此很多人都认为马云推销的中国黄页是"骗"。在周围人难听的质疑声中，马云依旧坚持自己，并且每天不断地提醒自己："互联网是影响人类未来生活 30 年的 3000 米长跑，你必须跑得像兔子一样快，又要像乌龟一样耐跑。"

1997 年年底，中国黄页已找到盈利模式，并创造了年营业额 700 万元的奇迹。马云又把将中国黄页打造成中国的雅虎作为自己新的目标，但是却在与杭州电信合资时由于各种原因失败，最终结局是马云不得不辞职北上，放弃所有股份。

成功没有想象中那么简单，也不是"天上掉馅饼"的事情。马云在通往成功的路途中遭遇的是一场又一场大冰雹，但是他却能够乐观积极地去看待头顶并不如意的坏天气。因为他明白，如果自己往后退一步，那么就可能失去一次与机遇碰触的机会。

对于马云来说，"成功并不是偶然"，对于生活中的我们来说，成功也不是轻而易举就能获得的，首先得有强大的心灵的支撑，这种支撑便是对成功的肯定。相信自己，鼓足勇气，才能通过努力，慢慢接近成功。正如下面马云所说的：

"阿里巴巴现在获得了一些成功，但我们的成功靠的是什么？比我们聪明的人多如牛毛，在阿里巴巴上市的时候已经有七八百位百万富翁。我当时就问，真是因为我们能干？我高考考了 3 年。成功是因为我们执着。

"我创业的时候曾想证明一件事情：如果马云创业都能成功，那么 80% 的人创业也能成功，因此大家一定要有理想并执着。

"做企业不是做今天，而是做 10 年以后。20 世纪做生意我们靠寻找机会，而这个世纪我们做生意要解决社会问题，只有解决社会上不断出现的问题才能有机会。坚定走 10 年，企业一定会走出来。"

马云曾经说过："我最大的经验就是千万不要放弃，要勇往直前，而且不断地创新和突破，突破自己，直到找到一个方向为止。"可见成功是一个不断突破、不断创新、不断改变的过程。我们需要有强大的心理支撑，同时还要学会培养自己的耐性，找准方向是好事，但是坚持却是一个长久的过程。

马云的坚持源于他对自己能力的肯定，他的成功是在经历不断的失败之后的收获。另外从马云最喜爱的金庸武侠人物中，我们也可以获得启示：一个人要想获得成功，就必须历经千辛万苦，练成"绝世武功"，中途决不能放弃！或许正是马云的这种坚定的心态，才能使他一边承受着挫折一边微笑着和成功打招呼。

不想做失败者的人，从现在开始，给自己定一个目标，迎难而上，正视现实。世界上没有一劳永逸的事情，也决然不会"天上掉馅饼"，我们要做的就是怀揣一份坚定的信念，然后大声地告诉自己勇敢前行。

6. 不要怕做错，就做你自己

在马云的名人语录中，有这样一句话："一定要走出自己的逻辑去了解别人，不要怕暴露自己的弱点。"不怕暴露自己的弱点，就做自己，这是敢于面向大众的勇气，也是自信的表现。

马云一直都将自己比作是"草根阶级"，他总是用最朴实最低调的作风去学习他人的长处和优点。作为一个时刻站在闪光灯下的公众人物，一般人都会十分注意自己的形象，但是马云却偏偏是这样一个异类，他不仅要大声说出来，还要让听众来找出自己的错误，正是这份谦虚一直伴随马云走到现在。

下面是马云在一次青年创业讲座上发表的演讲，其中就学英语这个问题，马云发出了如下感言：

"语言是用来交流的，不要怕说错，也不要怕丢脸！临阵磨枪总比不磨强！在任何关键时刻、任何压力下都不要放弃，因为放弃是人生最大的失败！要用欣赏的眼光观看自己的弱点，看别人的优点。

"人生追求的不是成功，而是经历。多花点时间去听别人是怎么失败的，少花时间去听别人是怎么成功的。很多正确的决定都是很草率地做出的，而很多错误的决定往往都是很细心地做出的。要学会用自己的脑袋去思考，用自己的思想、自己独特的观点去做任何事情。无知者无畏，只看见别人都能看到的东西，是不会成功的，要有自己独特的眼光、见解。

"想法很多，但不采取行动，只会让自己更痛苦。对手很强，但未必会赢你，大象是搞不死蚂蚁的。不要总想着自己想做什么，要想想为了达到目标你应该做什么。学会和陌生人打交道，学会服务别人。"

马云曾经告诫创业者一定要想清楚两个问题："第一，你想干什么。不是你父母让你干什么，不是你同事让你干什么，也不是因为别人在干什么，而是你自己到底想干什么；第二，你需要干什么。想清楚想干什么的时候，你要想清楚，你该干什么，而不是你能干什么。"

在马云的眼中，说错话并不是丢脸的事情，真正的丢脸是将话憋在心里不敢讲出来，不敢做真实的自己。因为只有当你说错了，你才能发觉错在哪里，才能准确找到失误之源，立马改正过来。如果一直不说，那么你永远都无法知道错在哪里，而正确的又是什么。

2011年，针对淘宝销售假货事件，马云第一时间站出来承认在淘宝网的商业模式有两个"命门"，其一是消费者买到假货，其二是商家的知识产权受到伤害。马云说："如果淘宝纵容卖家，那就是自己拿刀子捅自己。淘宝网不会放弃努力，将继续保障消费者权益，承担诚信使命。"

尽管马云已经站出来表明了态度，但是现场仍然有一部分媒体质疑，对此马云也感到有些委屈："打假是为了打淘宝，还是打假货？是为了打网购，还是为了打淘宝？我觉得今天有点偏向于打淘宝了。

"淘宝只是一家公司，没有权力将制假者送进监狱。淘宝只是一面镜子，告诉你麻子在哪儿，不是把镜子砸碎了，你的麻子就没了。把淘宝灭了，你以为就没有假货了？"

为此，马云还打了个比方，"营养越丰富，边上细菌越多，只要有利益，边上一定会有细菌，问题是怎么把细菌消灭，而不是把这个苗灭了"。

马云还强调，淘宝对待假货问题从不手软，"陆兆禧不会因此引咎辞职，淘宝也不会有所谓的'整改'，我们不是做错了什么，我们是没做好。"但"五万分之一中总会有浑蛋"。马云认为，将其中的五万分之一放大，并非客观。

面对淘宝销售假货事件，马云公开坦陈自己的工作没做到位，同时也敢于站出来为自己澄清一些委屈与事实。在马云的眼中，对的就是对的，错的绝不姑息，虽然错误的东西公司应当承担责任，但是正确的东西就应该得到公众的认可。这就是马云，即便站在公众的质疑声中，他依然能坚持自己。

"不要怕做错"，如同马云一样，因为人无完人，是人总会犯错。暴露自己的错误与弱点，是为了更好地让自己去改正。

7. 坚持自己的观点，不被别人的言论影响

马云曾经说过："这世界上没有优秀的理念，只有脚踏实地的结果。"这句话是马云在管理阿里巴巴时发自肺腑的声音，同时也是他多年来实战总结出的经验。在马云的眼中，任何优秀的理念都需要总结和累积经验，而不是旁人三言两语所定下的言论。

坚持自己的观点，不被别人的言论影响一直是马云行走商场坚守的原则。马云说话"狂妄"，也是他一直坚持自己的观点的结果。马云认为，成功的路上最容易受到旁人言论的影响，一旦自己定力不够，那么就很容易陷入僵局中去，所以他一直都在用"自己的脑袋"思考。

下面是马云在员工大会上发表的一篇演讲，我们来听一听马云是如何告诫阿里员工的：

> "三四年前，公司内部有一个重大的问题，有一个人带进一个想法：这样直销下去会不会成为公司的负担。当年 TCL 靠直销，爱多 DVD 靠直销，全是靠直销打天下，结果这些公司全被直销搞瘫掉了，我们阿里巴巴是不是要搞直销，要发展多大。我们要变成维持直销，不多做直销，迅速向新的模式转型。

"我们今天发现当时的讨论是一个错误，我们的直销跟 TCL 的直销是完全不一样的。你们更像是电子商务咨询师，中国需要 10 万这样的人。中国有多少企业？4000 多万家企业。将来中国内贸电子商务市场，每个企业一个月起码花 5 万块钱，今天诚信通只卖 2800。他们一定需要大量的直销培训。我们前几年投入不够，当时的讨论是不够的。我们今天告诉大家，调整过来，继续大力建设我们的铁军直销团队，培养优秀人才。但是不要变成直销人员，而是变成电子商务的咨询师，教大家怎么在网上促销、怎么在网上卖关键字、怎么在网站上做网页，使自己从纯销售变成电子商务咨询师。

　　"卫哲也讲过，一位世界级的业务员一年营业额应该是 200 万美元。你要选择做销售这个职业、这个行业，要成为世界最好的营业员，按照这样的模式，要达到 200 万美元才能成为世界最好的销售员。我们还要大量投入直销建设。当然你说卖了一架飞机，那个不能算。

　　"我们现在的套路可能还需要整一下，戴珊过来以后，大家一起创新模式。我们必须面对今天的形势，我们有很好的东西，也有很坏的东西。你们疲惫了，我也疲惫了，真的很累，但是我觉得我们还要往前再挪动一步。"

　　每个人都有自己的观点，切不可因为他人在一旁的指指点点就动摇自己的观点。有时候也许你独树一帜的观点才是打开成功之门的唯一钥匙，为什么你已经站在成功的大门前时不再坚持一下呢？

　　当然，坚持自己的观点，也不是盲目地坚持。马云曾经说过："创业路上需要激情、执着和谦虚，激情和执着是油门，谦虚是刹车，一个都不能缺少。"他人的观点我们可以记在心中，好的观点自然能运用，但是不好的观点我们当然要省去。因此不能将坚持当作盲目，因为坚持不是"固执"，也不是"钻牛角尖"。

马云的话对于阿里人总能起到"当头棒喝"的作用。在阿里人做出了成就引以为傲时，马云会不断地告诫其谨记保持"谦卑"之态，但是当阿里人为了某些问题而开始动摇信念时，马云又会适时地站出来给予其热切的肯定与鼓励。

马云认为，坚持是精神上的执着，是对胜利坚定不移的信念。在某些场合，当需要坚持自己一贯的概念时，就应当挺身向前，勇敢地表达和陈述自己的观点，这是向公众展现自我的最好方法，也是让公众了解自己观点的最好方式。

8. 原则绝不放弃

曾经有朋友问马云今生最相信什么，马云说："我相信相信！"对于工作中一些原则上的问题，马云似乎从来就没有做出过任何退让。因为马云认为，尽管需要尊重工作和生活，但尊重并不意味着放弃原则。

作为一名公司的管理者，放弃原则其实就等于放弃了开展工作的主动权，势必会给自己带来意想不到的困境。尤其是这些原则本身还对顺利开展工作有保护作用，一旦放弃，就意味着自己利益受损，得不偿失。

有一段时间，淘宝卖家抗议搜索规则调整的事情在网络上愈演愈烈，马云却依旧秉持原有观点纹丝不动，他在一封内部邮件中这样说道："宁可关掉公司也不会放弃原则。"同时马云还警告闹事者，阿里巴巴将会"像捍卫生命那样捍卫我们的原则"。下面便是马云针对此次事件发表的一封E-mail：

"坚持还是放弃？放弃，从此以后我们就会成为一家平庸的公司，为利益而活着。我们可能在一段时间里会很轻松，会很赚钱。而坚持理想，我们也许每天都会碰上状况。我们要和各种势力作斗争，包括巨大的黑色产业链中的恶势力。但坚持也会让我们生存和工作得有意义，坚持也会让我们能在 21 世纪成为一家真正对社会有贡献的公司，让我们今天付出的一切努力有独特的回报。

"我想阿里人应该，也必须选择坚持原则、理想与使命的发展之路。对那些相信新商业文明和支持阿里巴巴成为理想主义公司的朋友说，我们的上帝只有一个，就是用户。我们会在平时的工作中更加完善自己的服务和功能。我们会加强倾听客户的声音，我们会坚持以保护消费者权益、维护卖家利益为原则。

"我们坚信，在未来的商业社会里，将没有大企业和小企业的区别，没有外资和内资的区别，没有国企和民企的区别。我们觉得，应该只有诚信和不诚信的区别，只有开放和不开放的区别，只有承担责任和不承担责任的区别。

"我们将全力支持那些诚信、开放和承担责任的企业。我们为我们自己工作中的不当、不成熟、不完善而道歉，我们保证将不断努力、不断创新。我们不追求最具影响力，我们追求对人类、对社会、对家庭和对自己最有贡献力。"

这次淘宝事件对阿里人的打击很大，但是当公司士气低落之时，马云却依旧坚定地维护自己的原则，并且在给员工的致辞中表示，一定要坚守原则，因为只有坚守原则才是公司正确的发展之路。

这就是马云，让人印象最深的还是他处理工作中的问题时那副坚定的神态。另外，马云在一边坚持原则一边给淘宝员工鼓气的同时，在信中还提到他对创业者们和那些希望他放弃原则的人所持有的态度。

"对那些辛苦的创业者，我想说，今天是创业最好的时候。一切梦想与成功一定和眼泪、汗水有关，和坚持诚信努力有关。做商业就不该害怕竞争，害怕竞争就不该做商业。我们害怕的是不透明的竞争、不诚信的竞争、不公平的竞争，怨天尤人的人永远会输给拥抱变化、改变自己的人。

"对于我们的阿里人，我想说的是，我们坚持了 11 年的理想很不容易，但我们还将坚持 91 年的理想。我们从第一天起就坚持赚钱不是目的，而仅仅是结果。我们这家主要由 80 后、90 后组成的公司，必须有别于昨天的企业。我们感恩自己的公司诞生于这个社会，我们会因为今天的社会环境而成长，我们更应该为这个商业社会的完善而存在，这也是我们每天认真工作的意义所在。阿里人，我们自己的未来一定是由我们今天乐观积极的态度和努力决定的。

"对那些躲在背后的网络黑色产业链和希望我们放弃原则的人，我想说，我们从来不会因为利益而改变自己，我们更不会因为压力而放弃自己的原则。我们将会面对一切挑战，宁可关掉自己的公司，也不放弃自己的原则。"

坚持做自己认为正确的事情，坚守原则，就是坚守自己的主动权。马云曾经说过："坚持自己的理想和使命是一定要付出巨大代价的，在任何时代都一样。尤其在今天中国的商业环境里，促进开放、透明、分享、负责任的商业文明一定会损及大批既得利益者，我们要对抗的不仅仅是这些既得利益群体，还有 20 世纪的商业习惯。"

一个不对命运让步、在困难面前仍旧坚守自己原则的人，一定会受到他人的敬佩，并且靠着其坚实的步伐一步步迈向成功。

Mr. Ma's
WAY OF SPEAKING

第十章

把话说得委婉，更易于让人接受

1. 说出的道理要让人听着舒服

生活中，可能有不少人常有这样的疑惑：为什么我怀着一片诚意，苦口婆心地指出对方的错误，并且讲得头头是道，不仅得不到对方的感激，反而还受到周围人的讥讽和指责呢？

事实上，正确的道理每个人都乐意去听，也愿意去接受，但是如果没有把握好说服他人的尺度，犯了"过犹不及"的错误，就会招致对方的反感。怎么让"硬邦邦"的道理说出来不伤人，其实还需要讲究一定的方法和技巧。

在演讲过程中，马云说出来的道理往往能让人心悦诚服，这便是马云高超的口才技巧。让我们先来看一看，马云是这样讲道理的：

"2003 年，我们阿里巴巴在 B2B 领域的发展已经很好了。怎么走下去，我很迷茫。当你站在第一的位置上时，往往不知道该往哪里走，因为第二、第三可以跟着第一走，但是第一没有参照，那时我凭什么做出一系列的决定的？就是凭着使命感。

"爱迪生企业的使命是什么？Light to world（让全世界亮起来）。从企业 CEO 到门卫，大家都知道要将自己的灯泡做亮、做好，结果'打遍天下无敌手'。我们再看另外一家公司——迪士尼。迪士尼公司的使命是 make the world happy（让世界快乐起来），所以迪士尼所有东西都是令人开开心心的，拍的戏也都是喜剧，招的人也全是快乐的人。

"另外一家公司 TOYOTA（丰田），它的服务让全世界都懂得尊重。有一个故事，在芝加哥的一个大雨天，路上一辆 TOYOTA 车子的雨刮器突然坏了，司机傻在那里，不知道怎么办。突然，从雨中冲出一个老人，趴到车上去修雨刮器。司机问他是谁，他说他是丰田公司的退休工人，看见他们公司的产品坏在这边，他觉得自己有义务把它修好！这就是强大的使命感和企业文化，才使得每个员工将公司的事当作自己的事情。只有在这样的使命感的驱动下，才会诞生今天的迪士尼、丰田。

"我们阿里巴巴的使命是：'让天下没有难做的生意。'我们做任何事情都是围绕这个目标的，任何违背这个使命感的事情我们都不会做。所以有人会很奇怪地问我们：'你们凭什么做出这样一个决定啊？'我说：'凭我们的使命感。'我们推出一个产品，首先要考虑的是这个产品是否有利于生意。"

马云的话非常朴实，但是却又非常有道理。阿里巴巴的使命就是让天下没有难做的生意，这是阿里人的使命，也是马云的使命。马云将这番道理，通过两个小故事娓娓道来，让人感觉亲切，在乐于接受的同时，还受到了教育。

其实很多时候，都是态度决定一切的。想让对方尽快地接纳自己、听从自己的意见，最好的方法就是让对方尽快接受你的想法，这才是最完美的说服方法，也只有这样才能让你所说的"道理"变得让人爱听。下面是马云围绕"小企业有大的胸怀，大企业要讲细节的东西"这个主题所发表的几段演说：

"一个优秀的CEO也必须是个优秀的管理者，要多注重细节，从细节上管理你的团队，你的团队才会有机会发展。

　　"如果我们都从小处着手来做好、做正确，那有大事了也不怕，因为大事可以分解为许多的小细节，通过积累增加，再大的事情都会处理好的。

　　"刘国梁、邓亚萍这些人打球，球网上加一个很小的缝，他们发3个球就能穿过去，我估计我发1万次都穿不过去，那是细节上的苦练。有人说你真牛，6分钟说服了孙正义。首先告诉大家，其实是他说服了我。但在见孙正义前，我在硅谷至少被拒绝了40次。

　　"所谓赢在细节，就好比所有人看一个人踢腿真漂亮，其实你根本不知道他每天早上踢2万下。格局，'格'是人格，'局'是胸怀，细节好的人格局一般都差，格局好的人从来不重细节，两个都干好，那叫太有才！

　　"人们永远生活在昨天，好像觉得失去的是最美好的。昨天已经过去，不要留恋昨天，也不要帮大国企、大的企业留恋它们的昨天。做企业是赢在细节，输在格局。做任何事都一样。"

　　在谈细节问题时，马云用自己的经历将"细节决定成败"这番道理阐述得十分成功，道明了细节对于企业的重要性。事实上，如果我们在讲道理的时候，能多使用一些语言技巧，多融入一点和谐的气氛，自然别人也就不会排斥你所说的话了。

2. 忠言也可以不逆耳

古人云："良药苦口利于病，忠言逆耳利于行。"古人把"忠言"与"苦药"等同，足见批评的话确实不中听。

事实上，我们每天都难免要与人说话，而指正他人的观点、提出忠告，对帮助他人和建立真诚的人际关系有着难以替代的重要作用。但是如何将此等"苦药"进献于他人，而不引起他人的厌恶，却是一门学问。

马云在每次的演讲中似乎都会出现"忠言相劝"的局面，而且很多时候，这些"忠言"都会对听众产生一定的影响，因为事后证明，马云所说的很多话都是正确的。但是奇怪的是，在听众看来，马云很多"苦口婆心"的话听上去却并不沉闷，反而让人乐于接受，这是为什么呢？

下面便是马云就竞争对手之间的良性竞争所作的一段演讲，让我们来看一看马云裹上了蜜糖的"忠言"究竟是什么味道：

"我们永远要知道，在生态体系里，打败我们的不是别人，而是我们顽固的思想。不是对手灭了你，而是你自己灭了自己。要回归自己，不管你今天的企业有多大，永远要知道你是谁，你凭什么、你要什么、你放弃什么，这些问题想不清楚是不行的。

"在商场中，不是打败对手你就算赢了，因为对手太多了。这块土地要有生物多样性，我们必须让各类网商、各类竞争者在上面生长。是竞争让我完善、让我成长。我特喜欢竞争，一听见'竞争'我就快乐。竞争比的是什么？是如何比对手更加快乐地完善自己，如何让对手越来越恼火、越来越不爽。会战者不怒，会打架的人是不会生气的，生气的人一定不会打架。

"学会和对手相处，才是最厉害的。狮子去吃羊，绝不是因为恨羊，而是不得不吃。打败对手，绝不是因为自己有多么强大，而是对手故步自封的思想——不愿意完善自己，使他失去了未来。所以我觉得，只有共赢，只有跟对手一起玩，活得好的才算赢。没有狮子，羚羊们也活不久，所以你不要去恨对手。"

其实说到底，很多的"忠告"都是为了对方好。但是，如果想让对方真的明白你的一番好意，就必须谨慎行事，不可疏忽大意，随意草率。我们可以看到，马云在讲对手之间应该存有良性竞争这个问题时，态度是谦和诚恳的，而且言语也并不激烈，更没有刻意表现得多么委婉，这种真诚的话语自然让人觉得真实，而且让人容易接受。

那么在生活中，我们又应当如何使忠言不逆耳或不太逆耳呢？请大家注意以下几点：

一是注意对象的划分。不加区分地一味进忠言，难免碰壁吃亏；二是注意场合。进献忠言的时机很重要，场合也要选择；三是讲究方法。每一个人都有脸面，你所讲的"忠言"如果过于耿直，让别人面子上过不去，自然会招致对方的反感。

事实上，当我们与他人意见有分歧，或者想要给对方忠告时，切勿将观点强加于人。我们要懂得放缓预期，并且给予他人一定的时间进行思考，用能使对方接受的话语来表达自己的意见，那么对方一定能够接受，因为很多时候，尊重他人也是在尊重我们自己。

3. 拒绝的话也要婉转地说

拒绝他人，并不是一件十分困难的事情，但是人人都不希望自己被浇冷水。直接拒绝，只会让人觉得难以接受，从而导致沟通失败。因此，当我们拒绝他人时，一定要懂得委婉含蓄。

魔术大师卓别林曾说："学会说'不'吧！那你的生活将会变得多姿多彩，将会是多么美好啊！"学会将话婉转地说出来也是一门学问。下面，让我们来看看马云是如何拒绝的：

要将阿里巴巴打造成世界性的一流网站，那么就必须用世界一流的人才，只有这样两者才能相匹配。马云曾经说过："阿里巴巴有个规定，凡是要坐主管以上的位置，必须在海外，如英国、美国等地受过 3 至 5 年教育，或工作过 5 到 10 年。"

对于公司一些不达标的老员工，马云一直拒绝提升而安排其长期居于中下层的位置。对此，马云说道："这是个死命令。一起创业的那 18 个人可以当连长、排长，但团长、师长以上的人，我通通从外面请。"

面对公司新的内部调整与岗位定制，马云并没有向"旧规则"做出任何让步，而是坚决执行了新的命令。因为马云明白，如果没有勇气说"不"，往往就会变成这种情形：新能量注入不及时，旧力量不能维持发展。这样一来，公司最后肯定会走向衰退。

但是面对有功劳的老员工，马云明白绝不能一棒子打死，于是他一方面将拒绝的话说得十分委婉含蓄，另一方面又通过新列举的公司制度，表明自己的无奈，并以大局为重，发了一个通告，告知为什么自己拒绝提升一些不达标的老员工。这样一来，既顾及了老员工的面子，还让员工明白了马云的一片苦心。

成熟的人应该是深沉含蓄的，包括说"不"的时候，他们往往能够在对方可以接受的范围之内，提出拒绝。即使在诉说的半途已经知道应该拒绝，应该怎么拒绝，但是他们仍然会尊重请求者所提出的要求，耐心听完然后委婉地说"不"。

2011年，周星驰与马云同时现身中国传媒大学，现场气氛十分热烈，其中周星驰提及自己曾邀请淘宝网的创始人马云出演孙悟空，只可惜对方太忙没有档期。

周星驰在现场直言："我想找马云拍电影，他喜欢演什么都可以，喜欢和哪一个女演员合作，我也可以尽量想办法达成。"说到这里，周星驰还不忘为新片做广告，"我认为《西游·降魔篇》唯一的遗憾就是马云没有演孙悟空。"听完周星驰的话，马云当时呵呵一笑，随后证实周星驰的确找过他演孙悟空，并且解释道："主要是我档期太满、片酬又高，他请不起。"

马云的这句幽默既恰到好处地拒绝了周星驰的好意，也让现场气氛更加融洽。生活中，当我们仔细倾听了同事或者朋友的要求，并认为自己应该拒绝时，说"不"的态度必须温和而坚定。好比同样是良药，外面裹上糖衣的药，就比较容易让人接受。同样地，委婉地表达拒绝，也比直接说"不"更容易让人接受。

其实，尽量委婉、平和地向他人说明你拒绝的原因，让对方有台阶下，就不会伤了和气。如果可能，迂回一点讲也可以，而不是直接地抛给对方一个冷冰冰的"不"字。用委婉的语气拒绝对方，给对方有充分的时间做心理准备，这样也不失礼貌。

当然，要想练就温婉地说"不"的技巧，还需要我们长期地实践与学习，久而久之，我们才能真正地学会拿捏好拒绝的分寸。此外，学习委婉拒绝的技巧，还可以将自己塑造成有原则的人，这样，一些无谓的要求、拜托就不会再次降临到我们身上。

4. 点到即止，暗示比直言更有效

发现对方犯了错，不会说话的人常常口无遮拦、毫无顾忌地说："你错了。"而聪明人则懂得给人留面子，懂得批评的目的是让别人认识并改正自己的错误，而不是要制伏别人或把别人一棍子打死，更不是为了拿别人出气或显示自己的威风。

点到即止是一门说话的学问，往往比直言直语要好得多。当人们的意思不便于明确表达出来时，可以用含蓄、委婉的方式向对方发出信息，能让对方在有意无意间理解我们所说的话中潜在的含意。这便是暗示性的语言。

下面是马云在中小企业大会上发表的一篇关于"与其抱怨，不如建设"的文稿：

"我们崇尚的是建设性的破坏，而不是破坏性的建设，抱怨是没有用的。

"我发现社会上的埋怨、抱怨特别多，我也不说人家不好，但我觉得我们崇尚的是建设性的破坏，而不是破坏性的建设。什么是破坏性的建设？我们年轻人永远觉得，这做得不对，那做得不对，历朝历代以来，都是希望拿一个新概念去推翻一个旧概念。推翻了帝制，我们以为就可以共和了；推翻了旧文化，我们以为就可以完成新文化了；推翻了旧社会，我们就觉得进入了新社会。

"其实任何新的东西，（都）需要千锤百炼，对于社会上很多不好的事，我们其实真没有时间去抱怨，我们一直在改变。我讲过一个例子，关于新商业文明的。两百多年以前，美国的华盛顿、杰斐逊带领一帮人说，在这块土地上面，我们将建立民主自由（国度），人人将会平等。很多相信这句话的人去了那里。

"今天在互联网、在商界，我们很多东西看不惯，我们也没法改变，但是我们可以建设性地建议和鼓励。在这块土地上，我们崇尚开放，我们崇尚分享、责任和全球化，（使）所有相信这个理念的人成为新的移民。今天你在地球上的任何一片土地上说我想成立一个国家已经不可能，但在互联网的虚拟世界里，你可以创建一种新的文明世纪、新的商业氛围。这是阿里巴巴想做的。"

含蓄的暗示，委婉而充满智慧，它比直言更耐人寻味。在上面这段演讲中，我们可以看到马云在讲到如今很多中小型企业都习惯用抱怨的情绪去看待如今的商业体制时，将自己的建议表达得十分含蓄。马云并没有直接挑明这些抱怨无济于事，而是婉转地通过举例来暗示中小企业应该将目标方向从抱怨上转移。因为抱怨改变不了现实，我们为什么不从自己身上下功夫，努力地去完善与建设呢？

暗示的语言往往比直言效果要好很多，但暗示也需要对方意会，如果你的暗示让人一头雾水甚至完全搞反了你的意思，那么就会适得其反了。恰到好处的暗示，不在于言语和动作的多少，而在于两个人相视一眼就心领神会、心照不宣。

观众："尊敬的马云老师你好，刚才你说了男人永不放弃的品质非常重要，但有时候我们也听到有人跟我们说要学会放弃，怎么在永不放弃和学会放弃之间找到平衡？你经常提到使命和价值观，如果使命和价值观没有给你带来钱的话，你还会持续下去吗？"

马云："我觉得这些问题蛮好。要想成功一定要永不放弃地克服各种困难，但当你学会放弃的时候你才开始进步。假如这是一堵墙，你要过去，你撞在墙上，你永不放弃地撞还是撞不过去，那么此时你应该学会放弃退一步，看看能否从边上绕过去。"

"这个世界上一定有人比你挣的钱更多，但是你刚才问的问题，是不是赚不到钱了我们就会放弃。绝大部分企业这么看，我也是这么认为。我们做一件事情会对社会有贡献，如果我们没赚到钱，那这件事情一定没多大贡献，但是你赚了钱了就未必对社会有贡献。所以我觉得，一个真正对社会有贡献的企业，最后它一定是赚钱的。要使命感、价值观整个体系建立起来，让它永远可持续地发展，离开这个你走不远的。所以只练外形没有内功一点用没有，光练内功外形差也没有用，得合在一起才是高手。"

上面是马云在接受观众提问时的一段对话，观众的提问一针见血，而马云的回答也很巧妙。对于观众的问题，马云是点到即止的，但是却能让观众对其中的意思理解清楚。在谈到放弃与学会放弃、价值观与使命之间的关系时，马云都是用大众口吻来讲道理、摆事实的，话中带有明显的暗示性，让人一目了然。

暗示他人，要想做得恰到好处，需要随机应变，需要我们从生活中去不断地总结、不断地学习。很多时候，人与人之间的交往不能过分严肃，而点到即止便是最有效的表达方式。

5. 钝化锋芒，和颜悦色才能生财

中国有一成语叫"锋芒毕露"，"锋芒"本义是"刀剑的尖端"，后人将之比作一个人的聪明才干。有锋芒原本是好事，是事业成功的基础，然而，凡事都有利有弊，如果一个人锋芒太露，自恃有才就狂妄自大、好为人师，目中无人，那结果就会不尽如人意了。

尤其是在很多商业场合中，发生争端是常有的事情，如果想让生意进一步谈下去，那么就必须将锋利的言语化作"绕指柔"，语气和缓一点，这样双方才可能继续谈下去。

马云在演讲和谈话中，总是表现得和颜悦色，包括在面对竞争对手时，他总会说上一句"碰上优秀的对手你很幸运"，而不是让战场的硝烟愈来愈浓。下面便让我们来看一看马云给阿里人讲解自己是如何看待商业场上的竞争对手的：

"B2B 英文站点最强大的对手是 Google，Google 已全面进入外贸这个领域。Google 搜索排名点击率越来越高，而我们的英文站点，销售团队很强，但是网站的建设、技术的更新有非常大的问题。

"想想看，我们的对手是世界一流的对手，Google 是一家市值 1300 多亿美元的公司，拔一根毛出来不知道多少公司会被打下来。我们中午开会，英文站点技术人员才 18 个人。18 个人在扛着 Google 这样的对手。我们要求公司各个部门给英文站点提供强有力的支持，因为 65% 的营业额来自 B2B，是这 18 个工程师在扛着。我们处在危机当中，必须在两三个月以内彻底扭转这个局面。

　　"阿里软件、淘宝、支付宝、雅虎中国，我们要抽调优秀的工程师到这个团队里面。特别是阿里软件，有多少工程师，举手给我看看？今天 B2B 老大第一个站到拳击台上，对不对？这是真正世界性的拳击台，马上要上去。我们要配置好优秀的人才，要配置好优秀的肌肉，拳击套、牙套要戴好。阿里软件，抽你们的人，别说不。我们今天需要像志愿兵打仗一样跨过去。淘宝、支付宝、雅虎，全部要有这样的心态。我们今天全力以赴派第一批志愿军进入到 B2B，为我们的国际网站（而努力）。

　　"明枪暗箭越来越多，QQ 的实力大家都知道，百度的实力你们也知道，Google 的实力也知道。阿里巴巴是强大，但我们的对手也是中国一流、世界一流的。QQ 应该讲是世界一流吧，IM（即时通信）谁玩得过它。

　　"Google 是世界一流的，百度股票涨到两百多美元。告诉大家，碰上优秀的对手，首先你很幸运，淘宝很幸运，阿里集团很幸运。我们今天碰到的对手是世界一流的对手，学习他们、超越他们。我想告诉大家，我们的模式并不比他们差。"

　　面对强劲的商业对手，马云并没有表现得多么咄咄逼人，而是反过来告诚自己的员工，要鼓起勇气去面对，而不是担心、害怕和退缩。端正自己的态度，多思考一下、多比较一下双方的实力，学习对方的长处，将之融入到自己的队伍中来，这才是不断进步的保障。

其实很多时候，我们应该学会收敛自己的脾气，注意自己说话的语气。因为很可能本来顺利的局面，就由于我们的一两句"很冲"的话而陷入僵局。即便出现了争端，只要我们以一个好的态度去面对，那么情况必然不会那么糟糕。

因此，一个人无论在生活中还是身处商场，如果学会和颜悦色地去对待身边的事情，并且多注意运用"软"调，那么必然能起到好的效果。

6. 批评的话要委婉

在日常交往中，想要批评一个人而又不伤感情，甚至让对方感激和更喜欢你，最有效的是用含蓄的方式，间接暗示对方，提醒其注意自己所犯的错误，这比直接的教训要高明得多。

聪明的人总能理解人们的合理需要，维护人们的自尊心。正如马云，即便是在抨击自己的人和言语面前，依然能做到面不改色，即便是在维护自己，阻止他人并指责他人的时候，也都能说得非常委婉。

2011 年 4 月 23 日，中央电视台的《焦点访谈》中，列举了一条消费者在淘宝网购买标称为真皮的皮包后，发现其为人造革，而拥有某商品独家代理权的销售商，其实在淘宝上并未取得经销权却依旧在出售商品的新闻。

这一报道一经播出，立刻激起了淘宝网的强烈反应。

马云不仅十分委婉地表明了淘宝网在售假上的无奈感受，还恰到好处地表达了自己的委屈：淘宝是一个销售交易平台，不介入直接生产、制造环节，其自身也是制假售假行为的受害者。

接着，马云在后续的发言中明确了这一意思。他表示，淘宝能够很容易地查出谁在销售假货，因为有翔实的交易记录和交易数据："但我们只是一家公司，我们能做什么？我们明知道这是一个骗子，我们明知道这家伙就是在造假，但我们没把他关起来，我们没把他投进监狱，因为我们没有这个权力。"

在漫天的指责声中，马云并没有在媒体面前表现得多么心急愤怒，而是恰到好处地表达了自己对于销售假冒商品商家的愤怒，同时也表明了自己的无奈。马云的话看上去并没有出现严厉的批评，但是却通过对自我的解释，表达了自己的愤怒。

其实很多时候，直接说出自己的意见不见得别人就会接受，碰钉子的情况在所难免，但委婉地说出来，往往就能收到意想不到的结果。例如当我们要提出批评的话语时，不妨先选择一个合适的时机，说之前不妨先调整一下自己的情绪，再对要讲述的这件事进行一定的铺垫，那么说出的话自然也就会柔和许多。

学会让批评的话变得委婉，是处事交流的有效方式，还会因此为自己累积更多的人脉。巧妙地让话语转个弯，就像马云那样，也许就能在让对方欣然接受的同时，还获得对方的尊重。

Mr. Ma's
WAY OF SPEAKING

第十一章

敢想敢说，敢说敢做

1. 狂妄，但不傲慢

想知道媒体对马云的评价吗？一句话："语不惊人死不休。"有的人狂妄是因为有狂妄的资本，正如马云。在谈到与 eBay 的较量时，马云曾这样说道："eBay 是大海里的鲨鱼，淘宝则是长江里的鳄鱼，鳄鱼在大海里与鲨鱼搏斗，结果可想而知，我们要做的是，把鲨鱼引到长江里来。"

狂的本质是大气、爽直，但是如果变了质，便是骄傲自大了。马云的狂，是言出必行的狂，因为只要他做出了承诺，便会兑现承诺，这种狂，是自信，是洒脱，与智者一样，锐而不傲。

当整个业界苦苦寻觅"新的机会""新的可能"时，马云却无所畏惧地高呼"CEO 的主要任务不是寻找机会而是对机会说 no。机会太多，只能抓一个，抓多了，什么都会丢掉。"当大家都在感叹互联网寒冬漫漫时，马云却及时说："互联网寒冬过得太快，如果可能我希望能再延长一年。"

马云的狂源于他对事物的把握，源于他本身那种独有的自信。狂，当然也分为自信的狂与无知的狂两种，但有谁能像马云那样既能让阿里巴巴成功，同时又能让淘宝网得到公众的喜爱和认可呢？这种"狂"彰显的是马云的冲劲与狠劲，也正是这种"狂"才能让马云迅速成功。

尽管马云留给公众的是"狂妄"与"执着"，但是反而更能刺激新生代青年积极、执着与创新。马云曾经在一次演讲中如是说："只要你够执着、敢创新、够疯狂，你就是被成功预选的下一个人。"

马云给公众的印象是"疯狂"的，但是他却并不是无知地疯狂，他似乎始终都是一个直面现实与未来的人，他似乎每一天都很清醒，并且随时找寻着对手。

在"2005 中国企业领袖年会"中，马云感慨自己这一年来压力很大，他说："我前一段时间宣布了公司第二次处于危机状态，因为别人都说你好的时候，问题一定会马上来临。"

阿里巴巴第一次处于危机状态是 2000 年，那个时候正是互联网步入低谷之时。马云说："当时听说中国一个星期诞生 1000 家互联网公司，我就马上宣布公司处于高度危机中。中国不可能一个礼拜有 1000 家互联网公司诞生，如果这样的话，可能一个礼拜就有 1000 家互联网公司倒闭。"

马云的狂妄不是吹嘘，而是基于对自己和企业的清醒认识。例如，他在《对话》的摄制现场，当另一个"负责任，有能力"的企业家——陈天桥在公众面前将自己塑造为一个"新时代企业家代言人"时，马云却依旧坚守在自己的互联网领域，并且抛出惊人之语："现在的阿里巴巴很是孤独，我拿着望远镜也找不到对手。"

2001 年到 2003 年，在阿里巴巴经历最为艰难也最为关键的 3 年内，马云还推行过 3 种管理运动，马云认为，这对于企业管理变革而言是最为有效的。也许，正是当时马云这种坚定不移的自信，才得以让他成就如今的梦想。

　　马云用自己的狂绘出了自己成功的蓝图，用这种底蕴十足的狂，为自己打造出了一条成功之路。狂而不傲者，才为大智慧者。

2. 可以有傲骨，但绝不盛气凌人

马云曾经说过："如果大家想成功就必须疯狂一点，你必须有很大的梦想，要有精神，并且要有很好的战略。"马云身上显现出的傲骨与疯狂是业内外公认的，但是我们从马云的身上却并没有看见有任何傲气。

生活中，一个人可以有"傲骨"，但绝不可有"傲气"，因为有了傲气的人，往往会自命不凡，认为自己能干，比别人高出一筹，从而目中无人，让人反感。

马云说的话中虽然总有几分"狂"的味道，但是只要我们仔细分析就会发现，实际上他的一言一行都带有大众化的诚恳，不会给人高高在上、傲气凌人的感觉。

问："你觉得当别人说你是疯子、骗子、狂人的时候，对你都是某种程度上的冤枉吗？"

马云："在我自己看来我并不是疯子，我也不是狂人，我更不是骗子。"

问："但人家说你的时候你怎么看，你笑笑而已？"

马云："我觉得挺好，你得用结果去证明你不是。1995年我们做互联网，人家认为我们在说一个不存在的故事，但是到 1995 年 8 月份，中国电信一推出互联网，就证明这世界确实有互联网存在。别人都不相信电子商务，不相信中国的 B2B 和全世界 B2B 能够存在的时候，我们花了 4 年时间来证明 B2B 确实有这个市场，直到今天我们已经证明。我们今天提出来，我们希望把这个公司带成全世界最好的公司，是中国人创办的。别人认为你太狂妄，你想怎么打进世界 500 强？想想也不要钱的，想想也不犯罪，你连想都不想怎么去做？你想了以后，然后你一步一步踏实地建立优秀的梯队去。人家说你是狂人，你天天去解释你不是狂人；人家说你是疯子，你天天解释你不是疯子，那你就没时间做事儿了。"

一个有傲骨的人，是懂得积极向上、努力奋进的。正如马云在刚开始做互联网时，就因为怀有这样一份傲骨，因此能够一直坚守自己的事业，不为旁人之言所惑。他用自己的言行证明自己坚持的同时，也让人看到他那颗跳动着的充满活力的心。

一个有傲气的人是粗俗的，因为他盛气凌人，摆出趾高气扬、不可一世的俗态，只会让人敬而远之。傲慢实际上就是无知的表现，它庸俗浅薄，因此常常失败。

事实上，真正的大人物是那种身在高位仍然懂得如何去做平常人的人，他们胸怀伟大的志向，有一种不为常人所见的傲骨，但是在与他人相处谈话时，他们的言语中绝不会出现让人厌恶的傲气。

3. 敢想敢说，你的地盘你做主

很多时候，我们说话无非是为了证明自己、表达自己，从而拉近自己和他人的距离。但如果我们讲话的时候，总是唯唯诺诺，过分地考虑他人，那么我们就会失去主动权。

中国移动有句广告语说得好："我的地盘我做主。"敢想敢做，一直都是马云向阿里员工强调的重要精神，只有大胆地将自己展示出来，才能让对方迅速明白你的本意，也只有大胆地做出来，才有可能打造出一条成功之路。

"阿里从2008年、2009年开始，就对年轻人的培养上升到一个非常高的高度，尤其是这两年。我是故意不回公司的，我刻意不回来，我路过都不来。原因是什么？最佳的培养，就是让他们自己做决定，让他们自己做主。我最多是看看同事看看员工，有时候我有一些想法了，我就打个电话给谁，我们两个人在外面喝喝茶就行了。这是公司的治理，公司由每个人来治理。我跟企业家群体交流，我明白这帮人的问题在哪里，这帮人的机会在哪里，这帮人的希望在哪里。还有一个，我不提升，他们不会提升的。今天提升我马云，绝不是坐到MBA学堂里，提升我的，是我自己的修养素质胸怀，是性格里存在的东西，你看我这一段时间，我又是练太极拳，又是跟人家打牌，我什么事情都干。一个企业家的修养素质是各方面的。我觉得我们今天，吴永铭、三丰、王帅、张勇这帮人，他们越来越成熟了。

"当年我为什么会成熟起来？是没人替我做决定，我必须自己做决定，哪怕是错了。张勇今天再不可能让商城事件、商城暴乱出现，他还会再让它出现吗？不可能了，他比谁都懂，这就是一次痛苦带给他的。我没有说过张勇。你去问张勇，那次事情之后，我有没有批评过他。没有。因为我知道他已经知道自己的错误了，而且也不是他的错，只是方法问题。

"所以从这个角度来看，公司离开了我，某种程度上来讲，团队成长得更快。"

这是马云在 2013 年 1 月接受《时尚先生》采访时的一篇报道，从上面这段话中我们就可以看出马云身上所透出的那种豪迈气质。他自己离开，敢放手让阿里员工自己去打造一片新的天地，正是因为马云要培养员工敢想敢做的精神。在马云的心中，一个真正成熟的人，是敢想敢做，并且独立自主的，这样的人，才能最先拿到通向成功大门的钥匙。

敢想敢做，是马云在对阿里员工讲话时时常挂在嘴边的，他告诫每一个阿里人，要想成功，就必须打造一条独立的发展之路，时刻培养自己创新的能力，时刻培养自己的自主能力，这样才能为自己真正铺垫出一条大路来。

2013 年 2 月，马云被邀请至央视二套的《对话》栏目，在与主持人和观众之间的互动中，我们看到了一个保持真我的马云。

主持人："其实到底马云的真实状况是什么样的，如果你看了今天的《对话》，我们将还原给你一个实实在在的马云。欢迎马云。"

"有一个人有一个强烈的愿望，他说他是外星人，他想问一下你俩是不是一个星球来的。他刚才这么说了，就是他。"

马云："你们觉得我特别像外星人，你们都见过外星人了？"

观众："二十几岁长成像我这个样子，那你挺帅的。"

马云："我觉得我当年长得也挺帅的。现在我看小时候长得挺不错，但是后来慢慢变成这个样子。"

主持人："我觉得还有一个人需要回应一下，就是这个90后的女孩，我说一旦你要找男朋友的话……"

马云："我听见了，不。"

观众："驾驭不了，你说像我这样的女孩跟你在一块儿，你得跟外边找多少个呀！"

马云："她想得真多，小女孩记住，千万不要想驾驭一个男人，一个女人最幸福的是被人驾驭。"

主持人："我觉得他们所作的各种各样的描述，归结成一句话，就是他们觉得你实在是与众不同。"

马云："其实我们都一样，只是我希望大家不是为了不一样而不一样，我只希望做我自己。我们对这个世界的理解，你敢真实地面对自己、面对这个世界的时候，别人觉得你是一个外星人，其实，你就是一个地球人。"

马云现场的应变能力是极强的，对于观众的提问，马云的回答既幽默又十分肯定，让本来气氛严肃的录音棚瞬间变得亲切活跃起来。这就是马云真性情的流露，也是敢说敢做的表现。

很多时候，敢想敢说不仅体现了说话者本身所具有的胆量与见识，同时还能博得听众的认可。因为一个率真的人，会让人看到其最真实的一面，从而让听众臣服于其语言的魅力。

4. 不谈论现在，我们只讲未来

　　马云曾经有句豪言壮语："我相信未来，期待未来，你不会成功，但有人会成功，互联网时代才刚刚开始！"马云给自己描绘的未来蓝图是一片海阔天空，因为在他的眼里，美好的未来是给有准备的人的。

　　马云的这种狂，是对未来的热切肯定，但是在付出实际行动时，他却并不傲慢，甚至可以说还带着几许谦虚。从马云的一字一句中，我们仍然可以看出他对未来抱有的态度，这种希望是马云对阿里巴巴人的肯定与鼓励。

　　在 2012 年中国经济年度人物颁奖典礼的现场，马云和王健林先生曾经有过一次对赌，两人当场抛出了 1 亿元，使得当时这场赌局成为关注的焦点。让我们来回顾一下当时的情形：

　　王健林："电商是一种新模式，确实非常厉害，特别是马云做了以后，大家要记住中国电商只有马云一家在盈利，而且占了 95% 以上的份额，他很厉害。但是我不认为电商出来后，传统零售渠道就一定会死。"

　　马云："我先告诉所有的人，尤其是像王总这样从事传统零售的，一个好消息是，电商不可能完全取代零售行业，同时也告诉你一个坏消息，它会基本取代你们。"

王健林："我跟大家透露一个小秘密，其实对这个问题，我跟马云先生既是探讨学习，也是在争论。我跟他有一赌，今天在公开场合说出来，2022年，10年后，如果电商在整个零售行业占了50%的份额，我给他1亿，如果还没到，他给我1亿。"

马云："光有勇气是不够的，尽管我们都需要勇气，但在机关枪面前，这个形意拳、八卦掌、太极拳是一样的。"

马云的这段话，没有以我为尊，但是却"霸气十足"，既肯定了自己对未来电商行业形势的看好，还十分委婉地反驳了王健林的意见。

当然，如果马云在演讲的时候总是反复地说"我很聪明、我很成功"，那么不但会让对方觉得马云高傲自大，还会让对方对马云定义的未来表示怀疑。因为没有人会相信，口气如此之大、内心如此浮躁的一个人会有准确的论断。

问："王健林先生说出1亿元的赌局的时候，你吃惊吗？你们之前有过一些私下的沟通或者就这个问题探讨过吗？"

马云："其实在那个前一天我们有过争论，然后他说赌，但是没说数目。听了1亿我也吓了一大跳，我觉得赌1块钱可以，在亿万观众面前赌1亿，我觉得我们在那儿豪赌。"

问："对赌局谁赢谁输，自己有多大把握？"

马云："我不跟任何人赌没有把握的事。这个是因为不懂才会赌，赌了1亿。10年以后，我觉得如果各位还不认为10年以后，这个零售行业或者传统行业会被互联网电子商务冲击到50%的话，我估计只是因为他在这个领域里面刚刚进入而已。电子商务它绝对不是一种生意模式，它是一种生活方式的变革。10年以后，结局只会比我们想到的更加可怕，因为它摧毁的不是一种商业模式，它摧毁的是一种旧的思考，它是社会的进步，所以是不可逆转的，所以50%这个赌，王健林还是不赌为好。电子商务的目的不是去消灭谁、推翻谁，而是建立未来我们认为更加公平、更加透明、更加平等的商业生态环境。其实我们说今天这个企业打败那个企业，那个企业打败这个企业，一点意义也没有。就是换句话说，一头羊把其他的公羊打败了，觉得自己天下第一了，狼一看，咔，把它咬死了。所以这是瞎搞，瞎整，因为它完全是两种不同思维方式的作战。"

上面是马云参加《问话》栏目时的一次访谈。虽然话题依旧是围绕着大家所瞩目的那个赌约进行，但是马云依旧坚持自己的态度毫不动摇，而且言语之中的那股子"劲道"依旧十足。

马云的话中充满着自信，但是从中我们却并没有看出他的傲慢，马云展现在观众面前的是一个富有正能量、时刻对未来充满激情的热血商人，也许正是这份热情感染着每一个听众，所以才使他成为大家都喜爱的说话对象。

5. 将你的观点，呈现在全世界人面前

阿里巴巴的成功，可以说离不开马云的口才，马云的口才中最关键的一个点就是"敢"。正是因为马云"敢想"，因此造就了他"敢说"的特性。在很多人眼中，马云就是一个全球化的标志性人物，因为他胸怀整个天下。

在阿里巴巴创办初期，马云就曾表示要将阿里巴巴打造成全球化的营销体系，那个时候马云就认定，如果想将阿里巴巴的名号一炮打响，那么首先就要对其采取"门户开放"的策略。因此，马云在出席演讲和谈话时，语气都很是"嚣张"的，因为他就是要让自己的观点被全世界人看见。

问："你一直在歌颂小公司，但阿里是个大公司，这有矛盾吗？"

马云："我自己觉得，歌颂小公司，这是我的理想。今天阿里是个相对而言比较大的公司，这是我们的现实，我的理想是相信小公司。事实上，我们自己对自己的拆解比谁都快，淘宝我把它拆成了 4 家公司，很快，又有几家公司要拆。我们已经拆出 10 家公司了。而且，我们也不算是集团式的管理，我们现在的管理更像一个组织。我们更像是一个生态系统，这个生态系统养出各

种各样的小鸟、小兔、小猫、小狗。我们希望这个社会环境出现这种状况。大和小，怎么说呢？我们歌颂公园里的各种动物，但是这个公园如果很小是不行的。我们今天是个生态系统不是一家大公司。阿里在建设的是一个生态系统，是一个真正 eco-system（生态系统）。

"我说接下来我们可能有 20 家公司、30 家公司。我们这些不叫公司，是 30 个产业群，没有谁跟谁 report。但是有了这个群以后，边上会有无数个小公司长出来。因为有这棵树，长了很多松果；有了很多松果，会来很多松鼠，形成这样一个体系。

"如果你把自己定义为纯粹获取利益的机构，you died。所以，我并不觉得是矛盾的。我一直这么讲，也一直这么坚信，假设我今天重新开始创业，我再也不肯干这么大的公司了。今天早上醒过来之后——我 5 点多就醒了——我是真正在想这些事情：要不要再继续干下去？干下去，就会越来越大，这已经不是我们的能力所能控制的。假设今天重新干过，我愿意怎么干？我愿意在淘宝上干一个小公司，有滋有味，雇个十几个人，踏踏实实，这是我觉得我人生最大的快乐和理想。但是今天没有办法了，现实已经是这个样子。我把它切成一堆碎片？问题是，AT&T 那时候美国还可以把它拆了，请问中国政府和世界哪个机构能把淘宝拆成碎片？第一是没法拆，第二是拆了之后，1000 万家企业都没了，你怎么拆呢？这是个现实。"

踏踏实实地走自己的路，这是马云带领阿里人冲向世界必守的"准则"。有些"疯狂"的马云时刻坚持着他的梦想，相信总有一天，他的"全球梦"会成真，而阿里巴巴也会闪亮地站在全世界人的面前。

另外，讲述自己的观点，谈论自己的认识，让全世界人都能够听得见，这更是马云发自内心的声音。因为马云明白，要将阿里巴巴更好地"推销"出去，就必须让世界听到自己的声音，让自己吸引世界的注意。

当然，对于来自外界褒贬不一的评价，马云表现得却十分淡定，他依旧用十分肯定的语气向外界陈述自己心中的想法。他认为，要想真正将阿里巴巴打造成一个全球性的跨国公司，那么对于外界褒贬不一的言论就应当统统接纳。

"我上次在员工大会上讲过，我们为什么选择跟雅虎合作，而不是选择 Google，没有选择 eBay，没有选择跟微软？这儿很多的雅虎的同事，上次员工大会没有参加。

"我想告诉大家，阿里巴巴选择的余地很多，放在桌子上 10 亿美元的不止雅虎一家，有人出钱更多。我们选择雅虎是因为雅虎有世界最强大的技术。雅虎在中国 7 年的经验，无论犯的错误还是取得的进步，都是我们发展的资本。我们认为阿里巴巴的资产除了我们的人、我们客户的资源、我们大家看得到的东西之外，还有一个最重要的东西就是我们犯过的无数的错误。

"这些错误是我们最宝贵的财富。另外，像雅虎这样的跨国公司 7 年的错误使得这家公司跟阿里巴巴的合作让我们有惺惺相惜的感觉。我问杨致远 7 年前为什么不和我们合作，他说太年轻。

"在电子商务领域，我们觉得进入搜索引擎这个领域并不是为了搜索而搜索，我们希望所有的雅虎同事跟我们一起把电子商务、搜索引擎变成有用的东西。我坚持这么认为，游戏不能改变中国，MSN 短信无法改变中国经济，只有电子商务能改变中国未来的经济。我坚信进入信息时代以后，中国完全有可能进入世界一流的国家之列。"

　　将自己的观点呈现在全世界人面前，这便是马云的"狂"，然而对待周围对自己评价的不同声音，马云依旧能淡然处之，并且以沉默回应周围褒贬不一的言论，这才是真的大智慧。

6. 做了自己力所能及的事情就说出来

　　生活中，有很多人在他人面前都喜好保留一份谦卑之态，尤其是在说话的时候，即便自己在某些事情上十分得力，也总是保留几分。可是如果总是一味地保留自己的长处，那么在他人眼中，你就只是一颗平凡的沙粒。

　　有了光彩，为什么不释放出来呢？将自己的优异大声地讲出来吧，让他人一起来见证你的成长，同他人一起来分享你的喜悦，让他人知道你真正的实力，这不仅是自信，也是对自己的肯定。

　　下面让我们来看一段马云在杭州全体员工大会上的讲话：

　　　"其实这两年的互联网我觉得还是发展得非常令人惊奇。阿里巴巴从6年以前就在中国专注做电子商务，6年以前很少有人认为中国电子商务会起来，但我们没有放弃过。

　　　"尤其是这两个月，内互联网发生了巨大变化，比如说eBay购买了Skype。前年我们推出淘宝的时候，我们觉得自己跟eBay竞争还是有难度的，但是没有想到两年的发展，第一是所有员工的努力，第二是中国互联网市场的成熟，第三是整个大势的起来，整个世界对中国的关注越来越多，使得我们两年做到了以往

8年，10年都没有做到的事情。

　　"高速的发展使得全世界都在关注现在的电子商务，我相信未来互联网在中国三五年内的角逐一定是电子商务的角逐。而我们今天看到的一切，eBay 进入 Skype，Google 进入 TALK，QQ 进入拍拍网，QQ 强大的交流工具，百度和 Google 在搜索引擎上的投入，我相信 3 年到 5 年内所有的人都会进入我们的领地——电子商务。

　　"阿里巴巴在电子商务里面，我们觉得自己有一些优势是先发优势。我们已经走了 6 年，6 年来我们坚持客户第一，坚持我们的团队，坚持我们的价值观、使命感，6 年来我们没有建立强大的竞争壁垒。

　　"无论是阿里巴巴还是淘宝、支付宝，我觉得在客户上我们做了很大的努力，但在技术上面是不是能够真正进入世界一流？因为未来三五年我认为还有一个竞争是技术上的竞争。"

　　对阿里巴巴的种种成就，马云在员工大会上一一列举出来，因为这不光是对员工们辛勤工作的肯定，也是对阿里巴巴未来发展的肯定。马云在台上的这番演讲，不仅振奋了士气，还让大家重新认识了阿里巴巴，并且有了新的活力。

　　很多时候，将自己的成绩说出来，不仅会为自己增添更多的魅力，还会让他人对自己新增一分尊重和了解。有的时候，人就是需要不断地鼓励自己，因为通过不断地突破而取得的好成绩就是鼓励自己更加积极向前的最好方式。在阿里巴巴创业的第一天，马云就曾发表过鼓动人心的演讲，他说：

　　"第一，我们要建立一家生存 80 年的公司；

"第二，我们要建设一家为中国中小企业服务的电子商务公司；

"第三，我们要建成世界上最大的电子商务公司，要进入全球网站排名前10位。"

"生存80年""世界上最大的电子商务公司"，这样的语言非常容易激发人们的激情，它可以把人们内心深处想要成就一番事业的欲望充分激发出来，促使人们不顾一切地投入到追求创业成功的道路上来。

马云的演讲似乎总是充满激情，而且能够把自己笃定的想法讲到观众心坎里去。或许这便是马云对未来寄予的希望，直到他终于站在了成功的顶峰，回顾昨日的种种期望时，心中依旧热情不减，还将自己以前定下来的目标一一说给员工听，让他们明白，要完成目标没有什么不可能，只要你上进并且努力奋斗。

把自己取得的优异成绩大声说出来吧，这样不仅能刺激自己更加努力向上，而且还是自信的表现。让他人看到你的成绩，看到你所为之付出的努力，那么你就能在众人更加热切的眼光中，催促自己加快迈向成功的脚步。

7. 运用"强势"口吻制造威慑气势

日常生活中，一个强势的人可能会让人十分厌恶，因为他的种种行径总让人有压迫感，让人压力倍增。但是，在一些谈话或者辩论的过程中，如果我们能够用强势的语气加强自己的气势，那么就有可能起到制胜的作用。

"强势"往往在商业场合中被领导者所用，因为他们在布局商业规则，或者为员工讲解某些要恪守的原则问题时，言语中透露出的"强势"能使其语言变得有威慑性，从而让人敬畏三分。

马云说话虽然有时候表现得十分谦虚，但是这份谦虚中我们又能看出几分暗藏的"狠劲"，表面看上去或许只是普通的几句话，但是彰显出来的"狂"中却往往有着几分自信和强势。

记者："前几天你曾说1个月后要反攻eBay（易趣），能详细解释一下吗？"

马云："前18个月，易趣打算彻底消灭淘宝，可没成功，该轮到我们反击了。商战中有些基本的弱点一定要解决，可我发现易趣并没解决，淘宝会再给它1个月的时间。"

记者："淘宝明年是要大规模打广告吗？"

马云："肯定要。但我觉得，商战如果只是拼钱，岂不是一点技术含量都没有？淘宝明年会用一些'古怪'的招数。但明年做事不会那么'血腥'，商战是一门艺术，只有'艺术'了，才能开心。我们的主业不是战斗，而是做中国最好的 C2C 企业，竞争只是开胃小菜。"

记者："听你的口气，淘宝已铁定成为中国 C2C 市场老大了？"

马云："衡量 C2C 公司业绩的 5 大指标，我们有 4 个超过了易趣，只有用户数量没超过。可他们成立 6 年了，而淘宝刚诞生 1 年。"

记者："感觉你似乎太轻视 eBay 的实力了。"

马云："淘宝的对手不是易趣，而我从来不敢轻视 eBay，甚至为今年能有 eBay 这样的对手感到过瘾。论实力，eBay 就仿佛是'装甲车'，而淘宝只能算'三轮车'，但 eBay 今年在中国下的'臭棋'太多。我相信，eBay 仍是一个'九段高手'，下'臭棋'是因为起先没把淘宝当'成年人'对待。"

马云在提及阿里巴巴与易趣的竞争时，表现得非常有底气，并且一开始就使用了一副王者的口吻，向记者表达了自己完胜的信心，话语之中所透露的那份"强势"，让记者听来也是"有几分狂妄"，十分具有威慑力。

其实，在商业场合中，领导在竞争对手前所展现出来的"强势"，还能激发员工的斗志，让员工更加努力。下面便是马云在阿里巴巴员工大会上所发表的一篇演讲，从马云"要么第一，要么第二，绝不做第三"的强势口吻中，我们看到了一个领导者的王者风范。

"要么第一，要么第二，没有第三，所有第三经过一年两年努力，没有办法进入第二位的话，我们就关闭掉。

"我们必须是第一、第二，我们的电子商务是第一、第二的整合。如果不是第一、第二我们就留给人家吃点饭，我们不能垄断的。尽管阿里巴巴军团很强大，但是我们不能垄断，我们从做淘宝第一天起就没有想过垄断，我们可以把 eBay 赶到台湾，给他们工作干干。"

　　事实上，在适当的场合表达自己的"强势"，不但能为自己争取到主动权，还能向对手展现自己的自信心，给对方一定的威慑。如果我们能根据不同场合巧妙地用有"威慑力"的话表达自己的观点，就一定能将自己的口才威力发挥到最大。

8. 我就是个"大忽悠"

马云曾经坦诚自己十分"善忽悠"："说我善忽悠，我承认。12 年前我忽悠了 18 个人，我记得还忽悠了华谊兄弟的王中军，当然，是他先忽悠的我，要我投资他，所以我才把他忽悠成想成为中国最大的电影公司老板的人。我觉得看到这些忽悠的结果和成果，今生已经很满足了，所以我还会一直地忽悠下去。"

事实上，马云的"忽悠"并不是真正的忽悠，而是商业智慧，因为每当马云忽悠完，他都能将忽悠的话兑换成现实。这绝不是单纯的练练嘴皮子，而是将之融进实际生活中的勇气，还有对未来的笃定。

尽管"忽悠"的定义是"坑蒙拐骗他人来达到自己想要的利益效果"，但是马云的这番讲话，却从另外一个方面重新剖析了"忽悠"这个词。这就是马云融资成功的说服术，可以说，这也是最值得我们大家学习的卓越的口才之术。

马云刚创办阿里巴巴的时候，经常会用一种"穷开心"的方式来激励自己的员工，因为刚开始运作的阿里巴巴并没有过硬的条件进行物质上的奖励，所以马云总会想出一些特别有意思的新点子来让大家开心。

例如,在创业初期,马云的第一个"穷开心"策略便是给员工"加寿"。对于那些兢兢业业、在工作中起到模范带头作用的员工,马云总会在员工总结大会上给其"加寿200岁",或者给另一位伙伴"加寿300岁",甚至有一位早期的创业者,"加寿"最多,共加了9000岁,后来人送外号"九千岁"。

马云甚至给大家描述自己的梦想场景:"带着团队所有人去巴黎过年。"在大家已经惊喜万分时,宣布年夜饭后还发年终奖:"每人两把钥匙。"在大家莫名其妙时,马云说:"我给大家每人在巴黎买了一幢别墅,还有一辆法拉利跑车。"当场有人因心跳过快被送进医院。

马云的这番"忽悠"实际上不仅是对员工的鼓励,更是对未来的展望。马云是草根创业、白手起家的典范。而对于所有的创业公司而言,"忽悠"正像是一种信用期货,要兜售它,更要兑现它。

可以说,在马云的创业过程中,"忽悠"是他能够成功的不可缺少的要素。也正是因为马云的这番好口才才使得他能够整合各方面的资源,梳理自己的思路,并且在其半风趣半严肃的说话风格的伴随下行走到成功的顶峰。

1. 马云"阿里巴巴 10 周年庆典"演讲

感谢大家，其实我还没有从刚才的表演中平静过来，从来没有想到自己可以在万人体育场表演。表演之前呢，我紧张了至少 10 天，但是表演了 2 分钟我就不肯停下来了。所有刚表演完下来的阿里巴巴高管都特遗憾，我们只有这么一点时间，所以一激动我们在后面聊了很长时间，需要我上来跟大家分享阿里巴巴 10 年的经历。

为今天晚上我大概准备了 10 年。

10 年以前我设想过，10 年以后我会如何对我们的员工讲话，如何对我们的客户讲话，如何对我的朋友讲话，讲些什么。离 10 周年越来越近的时候，我心里面就越来越亢奋，越来越希望讲，但是到这几天，我居然晚上都睡不着觉，因为我不知道自己要讲什么。在来之前，看到那么多阿里巴巴的人，那么多的阿里巴巴的亲朋好友，我才发现，我其实不需要讲什么，10 年来所有阿里巴巴人的行为已经告诉我们了。感谢大家！

10 年以前，在我的家里，我还有其他同事。我们描绘了一个图，我们认为中国互联网会怎么发展，中国电子商务会怎么发展。我们讲了两个小时，从此就走上了这条路。

　　10 年下来，我们经历过无数次会让阿里巴巴一蹶不振的坎坷和意外，甚至是能让我们消失的坎坷和意外。

　　我们自己也在问是什么让我们活了下来，并且越来越强大，因为我知道我们的人并不是最强的。

　　我见过很多很多比我们强的人，阿里巴巴今天的年轻人比我们 10 年前能力更强。我们也不是最勤奋的，有很多比我们更勤奋的人。我们肯定不是最聪明的，因为比我们聪明的人有的是。

　　那么是什么让我们活了下来，让我们坚持走到现在呢？今天我想在这里跟我们所有的阿里巴巴人，跟我们所有阿里巴巴的亲朋好友分享一下。

　　我认为我们是非常幸运的，我们幸运地生活在这个时代，我们幸运地生活在这个互联网时代，我们幸运地生活在中国。所以我讲，从第一天起到现在，阿里巴巴一直充满了感恩之心，要感谢的人非常多。

　　我想我首先要感谢我那些同事，那些创业者。他们一直信任我，无论发生任何事情，他们总是坚定地站在我后面。我也感谢在座的所有的阿里巴巴的同事，是你们的坚强和坚持让我们走到今天，感谢大家。我感谢所有阿里巴巴的客户，他们帮我们成就了阿里巴巴的梦想。

　　我记得 9 年以前有人认为，阿里巴巴的商业模式，阿里巴巴提供的服务就像把一个万吨油轮抬到喜马拉雅山上。我要感谢在座的阿里巴巴的家属，没有你们的支持，阿里巴巴的人就不可能夜以继日每天晚上干到十一二点甚至次日凌晨两三点，为了一点点程序，为了一个问题，为了一个客户，日夜为之奋斗，感谢你们。

　　我当然也感谢我们的投资者，没有他们的信任我们不会走到今天。我更要感谢的是我的很多的朋友，这些朋友包括很多政府官员。今天我们在这儿有很多阿里巴巴的朋友，很多是政府官员的朋友。他们不仅仅是政府官员，他们更是我们的朋友。因为他们对电子商务的信任，对阿里巴巴的信任，对中国中小企业的信任，我由衷地感谢他们。

我相信要感谢的人很多，这几天我想了很多的人要感谢，很多的人要感恩，包括杭州的出租车司机，杭州西湖上划船的船工，没有他们的支持，没有他们帮助不断地宣传阿里巴巴，没有杭州市民支持我们，我们不会有今天。

所以感恩是阿里巴巴10年以来心里永远记着的事情。

我记得在9年前，我在阿里巴巴的100名员工大会上说："我希望阿里巴巴能成为杭州的骄傲，我希望杭州的老百姓愿意把自己的孩子，把自己的男朋友、女朋友、丈夫、太太送到我们公司来，让我们的公司越来越大，不仅成为杭州的骄傲、浙江的骄傲，甚至成为中国的骄傲和世界的骄傲。"今天我们刚刚开始，后面的路还非常之长。

我也相信，不管任何原因，我们今天活了下来，但是我们还有92年要走。这92年，我们凭什么再走下去？前10年阿里巴巴只有两大产品，第一个产品就是我们的员工，第二个产品就是我们的客户。

我想在这儿分享几样东西——未来10年阿里巴巴必须坚持的事情。

第一，阿里巴巴是使命感驱动、价值观驱动的公司。8年多来，阿里巴巴每个季度考核价值观，每个季度、每个月都考核自己的使命感，所以每一个人都是靠自己的使命感而坚持下来的。

第二，有人说阿里巴巴创办的是理想主义公司。我还是觉得，阿里巴巴是充满理想主义和充满现实主义的公司，没有理想阿里巴巴不可能走到现在。

未来10年我们仍将是一家理想主义公司，当然一定会脚踏实地，如果不充满现实主义地去一点点地做事情，我相信我们也不会活到现在。我们会永远坚持客户第一，员工第二，股东第三。让华尔街所有的投资者骂我们吧，我们坚持客户第一，员工第二，股东第三。

第三，我们坚持专注，我们专注电子商务。前 10 年我们专注电子商务，后 10 年还是专注电子商务；我们前 10 年专注中小企业，未来 10 年我们还是专注中小企业。因为只有专注中小企业、专注电子商务，才能让我们活得长久，中小企业需要我们，因为中国电子商务和全球电子商务需要我们。

今天是阿里巴巴 10 周年纪念日，看到大家的激情，我从来没有这么担忧过，因为今天是前 10 年的一个阶段的结束，我们后面的 92 年刚刚开始。

从昨天晚上到今天早上，我们收到了阿里创始人的辞职信，我们所有人辞去了自己创始人的职位，因为我们知道，从 9 月 11 日开始，阿里巴巴将进入一个新的时代，进入合伙人的时代。我们 18 个人不希望背着自己的荣誉去奋斗。

今天晚上我们将是睡得最香的一个晚上，因为今天晚上我们不需要因为自己是创始人，我必须更努力，因为今天我们辞去了创始人职位，明天早上我们将继续去应聘、求职阿里巴巴，我们希望阿里巴巴再度接受我们。跟任何一个普通的员工一样，我们的过去一切归零，未来 10 年我们从零开始。

说实在的，看着辞职信上，那些创始人真诚的话语，我非常地感动。我会在公司内网上分享公开每一封辞职信。

10 周年阿里巴巴和大家一样，关注着世界发生的巨大变化：互联网的发展、全球化的发展、金融危机……世界经济已经发生了很大的变化。

我们从刚才 3 分钟的录像里看到，毒奶粉、大气变暖……世界在发生剧烈的变化。我认为这个世界在呼唤一种新的商业文明，旧的商业文明的时代就是企业以自己为中心，以利润为中心，创造最有价值的产品，希望能够获取更多的利润，以自己而不是以社会为中心。21 世纪我们需要的企业是在新的商业文明下，在新的环境下，对社会的关系、环境的关系、人文的关系、客户的关系，有不一样的思考。

最近一两年来，阿里巴巴管理层纠结的是，未来 10 年阿里巴巴怎么走，阿里巴巴需要变成一个什么样的公司。

我想不是我们想变成一个什么样的公司，而是世界需要什么样的公司。在 21 世纪，我们需要有 21 世纪的理念的公司，我们希望成为更懂得开放、更懂得分享、更懂得全球化的公司。

我相信互联网之所以发展那么快，就是因为互联网懂得开放、懂得分享、懂得承担责任、有全世界的眼光。

今天任何一家企业，如果想在 21 世纪活好，就必须学会开放、分享、责任、全球化，阿里巴巴就是希望成为这样的一家公司。

世界不需要再多一家互联网公司，世界不需要再多一家像阿里巴巴一样会挣钱的公司，世界也不需要具有持久经验的公司，世界需要的是一家更加开放、更加懂得分享、更加有责任感的公司，社会需要一家社会型的企业，来自社会，服务于社会，对未来的社会充满责任、承担责任的企业，世界需要的是一种精神、一种文化、一种信念、一种梦想。

阿里人在未来 10 年将坚守我们的信念，坚守我们的文化，坚守我们的梦想，只有坚守梦想、理念、使命、价值体系才能让我们走得更远。

我们希望通过阿里人的努力，我们能够通过电子商务，专注于小企业，让全世界所有的企业在平等的、高效的平台上运作。

我们期望 10 年以后，在中国这个土地上，再也看不见民营企业和国有企业之间的区别，我们看到的只是诚信经营的企业；我们不希望看到外资企业与内资企业的分别，我们只希望看到诚信经营的企业；我们不希望看到大企业和小企业的区别，我们只希望看到诚信经营的企业。

我们希望看到商人再也不是唯利是图的象征，我们希望看到的是企业再也不是以追求利润为根本目的，而是追求社会的效益，追求社会的公平，完善社会。我们希望看到自己作为企业家、作为商人，在这个社会里面，承担着与政治家、艺术家、建筑家一样的责任，成为促进社会发展的主要动力之一。

前面 10 年，通过全社会各位朋友的帮助，阿里巴巴创业成功。未来 10 年，阿里巴巴希望通过自己的平台帮助无数的企业成功，帮助无数的创业公司成为阿里巴巴。

我们将永远坚持员工第二，我们将永远也不会仅仅满足于创造更多的百万富翁，我们关注员工的幸福感。阿里人，我们共同努力，在 2010 年我们将提升阿里员工的幸福指数。

我们希望员工不仅仅是物质富有，希望员工精神也富有；我们希望员工有成就感，为社会所认同，被社会尊重。我们永远坚持认真地生活、快乐地工作。

对所有的股东，所有支持阿里巴巴、信任阿里巴巴集团的股东，我们以自己的行为保证，一定会给股东以丰厚的回报。但是我们回报的不仅仅是金钱，我们希望阿里巴巴所有的股东最后感到骄傲的是，你们投资了一家对社会有巨大促进作用、对社会承担巨大的责任、帮助个人就业、成就个人梦想的公司。只有这样的公司，你投资才会觉得有成就感。

10 年以来，很多人一直说，阿里巴巴讲的是故事，阿里巴巴这个做不到、那个做不到。但是 10 年了，阿里巴巴其中的一家公司已经上市，已经具有超过 100 亿美元的市值，阿里巴巴已经从只有 18 个人变成拥有一万多名员工的企业，阿里巴巴也从中国发展到全球两百多个国家和地区。

我今天当着阿里巴巴的员工、阿里巴巴的客户、亲朋好友的面描绘一下 10 年以后，阿里巴巴如果做好新商业文明，我们未来的具体指标是什么。

我们将会创造 1000 万家小企业的电子商务平台，我们要为全世界创造 1 亿个就业机会，我们要为全世界 10 亿人提供消费的平台。

我们希望通过 1000 万家小企业的平台，通过我们所有企业的平台，让所有的小企业可以通过技术、通过互联网、通过电子商务，跟任何大型企业进行竞争；我们希望我们的消费者，能够享受真正的价廉物美的产品；我们更希望在我们的服务面前，让任何一个老太太，不要因为要交60元电费而去银行门口排队，要利用我们的服务，让他们跟工商银行的董事长享受一样的服务。

我相信，1000万家中小企业，1亿个就业机会，10亿个消费者，一定会引来很多的非议、嘲笑、讽刺，没关系，阿里人习惯了。我也相信世界也许会忘记我们，因为我们不是追求让别人记住我们，我们追求的是别人使用我们的服务，完善自己的生活，促进社会的发展。

各位阿里人，92年的路非常之长，我们来到阿里巴巴不只是为了一个工作，而是为了一份梦想，为了一份事业。

我在这儿想分享一下不断激励我自己也想用来激励大家的、我讲了N遍今天还想讲一遍的话：今天很残酷，明天更残酷，后天很美好，绝大部分人死在明天晚上，看不到后天的太阳，阿里人必须看到后天的太阳。

所有阿里人都要记住，毛主席曾经讲过，自信人生两百年，会当击水三千里。世界给了我们这个舞台，世界给了我们这个机会，动用所有的智慧、所有的勇气，努力去帮助1000万家企业去生存，创造就业机会，为10亿人提供真正价廉物美的平台。谢谢大家！

2. 马云给雅虎员工的演讲全文

今天是我第一次和雅虎的朋友们面对面交流，我希望把我成功的经验和大家分享，尽管我认为你们其中的绝大多数勤劳聪明的人都无法从中获益，但我坚信，一定有个别懒得去判断我讲的是否正确就效仿的人，可以获益匪浅。

让我们开启今天的话题吧！

世界上很多非常聪明并且受过高等教育的人无法成功，只是因为他们从小就受到了错误的教育，他们养成了勤劳的恶习。很多人都记得爱迪生说过的那句话吧——"天才就是99%的汗水加上1%的灵感"，并且被这句话误导了一生。勤勤恳恳地奋斗，最终却碌碌无为。其实爱迪生是因为懒得想他成功的真正原因，所以就编了这句话来误导我们。

很多人可能觉得我是在胡说八道。好，让我用100个例子来证实你们的错误吧！事实胜于雄辩。

世界上最富有的人，比尔·盖茨，他是哈佛大学的学生，懒得读书，他就退学了，他又懒得记那些复杂的dos命令，于是他就编了个图形的界面程序。叫什么来着？我忘了，懒得记这些东西。于是，全世界的电脑都长着相同的脸，而他也成了世界首富。

世界上最值钱的品牌，可口可乐，它的老板更懒。尽管中国的茶文化历史悠久，巴西的咖啡香味浓郁，但他实在太懒了，弄点糖精加上凉水，装瓶就卖。于是全世界有人的地方，大家都在喝那种可乐。

世界上最好的足球运动员，罗纳尔多，他在场上连动都懒得动，就在对方的门前站着，等球砸到他的时候，踢一脚。这就是全世界身价最高的运动员了。有的人说他带球的速度惊人，那是废话，别人一场跑 90 分钟，他就跑 15 秒，当然要快些了。

世界上最厉害的餐饮企业，麦当劳，它的老板也是懒得出奇，懒得学习法国大餐的精美，懒得掌握中餐的复杂技巧，弄两片破面包夹块牛肉就卖，结果全世界都能看到那个 M 的标志。必胜客的老板，懒得把馅饼的馅装进去，直接撒在发面饼上边就卖，结果大家管那叫 pizza，比 10 张馅饼还贵。

还有更聪明的懒人：

懒得爬楼，于是他们发明了电梯；

懒得走路，于是他们制造出汽车、火车和飞机；

懒得一个一个地杀人，于是他们发明了原子弹；

懒得每次去推导，于是他们发明了数学公式；

懒得出去听音乐会，于是他们发明了唱片、磁带和 CD；

这样的例子太多了，我都懒得再说了。

还有那句废话也要提一下，"生命在于运动"，但你见过哪个运动员长寿了？世界上最长寿的人还不是那些连肉都懒得吃的和尚？

如果没有这些懒人，我们现在生活在什么样的环境里，我都懒得想！

人是这样，动物也如此。世界上最长寿的动物是乌龟，它们一辈子几乎不怎么动，就趴在那里，结果能活 1000 年。它们懒得走，但和勤劳好动的兔子赛跑，谁赢了？牛最勤劳，结果人们给它吃草，却还要挤它的奶。熊猫傻了吧唧的，什么也不干，抱着根竹子能啃一天，人们亲昵地称它为"国宝"。

回到我们的工作中，看看你的公司里每天最早来最晚走，一天像发条一样忙个不停的人，他是不是工资最低的？那个每天游手好闲、没事就发呆的家伙，是不是工资最高的？据说这样的人还有不少公司的股票呢！

　　我以上所举的例子，只是想说明一个道理：这个世界实际上是靠懒人来支撑的，世界如此精彩都是拜懒人所赐。现在你应该知道你不成功的主要原因了吧！

　　懒不是傻懒，如果你想少干，就要想出懒的方法，要懒出风格，懒出境界。像我从小就懒，连长肉都懒得长，这就是境界。

3. 马云卸任阿里巴巴 CEO 演讲全文

大家晚上好！谢谢各位，谢谢大家从全国各地赶来。我知道也有从美国、英国和印度来的同事，感谢大家来到杭州，感谢大家参加淘宝的 10 周年庆典！

今天是一个非常特别的日子，当然对我来讲，我期待这一天很多年了。最近一直在想，在这个会上，跟所有的同事、朋友、网商、所有的合作伙伴，我应该说些什么？大家也感到很奇怪，就像姑娘盼着结婚，新娘子到了结婚这一天，除了会傻笑外，真的不知道该干什么。

我们是非常幸运的人。想想 10 年前的今天，非典在中国最肆虐的时候，所有人都没有信心，大家不看好未来，但阿里十几个年轻人却相信 10 年以后的中国会更好，10 年以后，电子商务会在中国受到更多人的关注，很多人会用。

但我真没想到，10 年以后，我们变成了今天这个样子。这 10 年，无数的人为此付出了巨大的代价，为了一个理想，为了一个坚持，走了 10 年。我一直在想，即使把今年阿里巴巴集团 99% 的东西拿掉，我们还是值得的，今生无悔，更何况我们今天有了那么多的朋友，那么多相信的人，那么多坚持的人。

其实我也在想是什么东西让我们有了今天，是什么让马云有了今天，其实我是没有理由成功的，阿里也没有理由成功，淘宝更没有理由成功，但我们居然走了这么多年，依旧对未来充满理想。我在想，其实就是一种信任，在所有人不相信这个世界、所有人不相信未来、所有人不相信别人的时候，我们选择了相信，我们选择了信任，我们选择相信10年以后的中国会更好，我们选择相信我的同事会做得比我更好，我相信中国的年轻人会做得比我们更好。

20年以前也好，10年以前也好，我连自己都不一定相信自己，我特别感谢我的同事信任了我。当CEO很难，但是当CEO的员工更难。我从没想过在中国，在大家都认为这是一个缺乏信任的时代，居然会令你向一个你都没有听过名字的人付钱，买一个你可能从来没见过的东西，再经过上千上百千米，通过一个你不认识的人，使东西到了你手上。今天的中国，拥有信任，拥有相信，每天2400万笔淘宝的交易，意味着在中国有2400万个信任在流转着。

在座所有的阿里人、淘宝人、小微金融的人，我特别为大家感到骄傲，今生跟大家做同事，下辈子我们还是同事！因为有了你们，让这个时代看到了希望。在座的你们就像中国所有的80后、90后那样，你们在建立一种新的信任，这种信任让世界更开放、更透明、更懂得分享、更能够承担责任。我为你们感到骄傲。

今天的世界，是一个变化的世界。30年以前，我们谁都没想到今天会这样，谁都没想到中国会成为制造业大国，谁都没想到电脑会深入人心，谁都没想到互联网在中国会发展得那么好，谁都没有想到淘宝会火起来，谁都没想到雅虎会有今天。这是一个变化的世界，我们谁都没想到，我们今天可以聚在这里，继续畅想未来。

我们大家都认为电脑够快，互联网还要快，在我们很多人还没搞清楚什么是 PC 互联网的时候，移动互联就来了；在我们没搞清楚移动互联的时候，大数据时代又来了。变化的时代，是年轻人的时代。今天还有不少年轻人觉得无数的像谷歌、百度、腾讯、阿里这样的公司拿掉了所有的机会。

10 年以前，当我们看到无数伟大的公司时，我们也曾经迷惘过，我们还有机会吗？但是凭借 10 年的坚持、执着，我们依旧走到了今天。假如不是一个变化的时代，在座所有的年轻人，这里还轮不到你们。工业时代是论资排辈的，永远需要有一个 rich father，但是现在不一样了，我们拥有的就是坚持和理想。很多人讨厌变化，但是正因为我们把握住了所有的变化，我们才看到了未来。未来 30 年，这个世界，这个中国，将会有更多的变化，这种变化对每一个人都是一个机会，抓住这次机会吧。我们很多人埋怨昨天，30 年以前的问题，中国发展到今天，谁都没有经验，世界发展到今天，谁都没有经验。我们没有办法改变昨天，但是 30 年以后的今天，是我们今天这帮人决定的。改变自己，从点滴做起。

我感谢这个变化的时代，我感谢无数人的抱怨，因为在别人抱怨的时候，才是你的机会，只有变换的时代，才是每一个人看清自己有什么、要什么、该放弃什么的时候。

我很荣幸我是一个商人，参与了建设阿里巴巴 14 年。今天，人类已经进入了商业社会，但是很遗憾，在这个世界里，商人没有得到他们应该得到的尊重。这个时代已经不是唯利是图的时代，我想我们跟任何一个职业，任何一个艺术家、教育家、政治家一样，我们在尽自己最大的努力，去完善这个社会。14 年的从商，让我懂得了人生，让我懂得了什么是艰苦，什么是坚持，什么是责任，什么是别人成功了，才是自己的成功。我们最期待的是员工的微笑。

今天晚上 12 点以后，我将不再是 CEO。从明天开始，商业就是我的票友，我为自己从商 14 年深感骄傲！

看到你们，看到中国的年轻人，我不希望有一天我们这些人再来一个"致我们逝去的中年"。这世界谁也没把握你能红 5 年，谁也没有可能说你会不败、你会不老、你会不糊涂。使你不败、不老、不糊涂的唯一办法，就是相信年轻人！因为相信他们，就是相信未来。所以，我将不会再回到阿里巴巴做 CEO。

要我回我也不会回来，因为回来也没有用，你们会做得更好！

做公司，做到这个规模，我很骄傲，但是对社会的贡献，我们这个公司才刚刚开始。所有的阿里人，我们都很兴奋、很勤奋、很努力，但我们也很平凡，我们认真生活，快乐工作。我们今天得到的远远超出了我们的付出。

阿里人坚持为小企业服务，因为小企业是中国梦想最多的地方。14 年前，我们提出"让天下没有难做的生意，帮助小企业成长"，今天这个使命落到了你们身上。我还想再为小企业讲讲。人们说电子商务、互联网制造了不公平，但是我的理解是，互联网制造了真正的公平。请问，全国各省、各市、各地区，有哪个地方为小企业、初创企业提供了税收优惠？互联网就给了小企业这个机会。小企业需要的就是 500 块钱的税收优惠，请所有阿里人支持它们，它们一定会成为中国将来最大的纳税者。

感谢各位，我将会从事自己感兴趣的一些事儿，教育、环保……刚才那首歌 Heal the world，这世界有很多事，我们做不了，奥巴马就一个，但是太多的人把自己当奥巴马看。每个人能做好自己那份工作，做好自己感兴趣的那份工作，已经很了不起了。除了工作以外，让我们一起努力，完善中国的环境，让水清澈，让天空湛蓝，让粮食安全，我拜托大家！（马云单膝下跪。）

我特别荣幸地介绍阿里未来的团队，他们和我一起工作了很多年，他们比我更了解自己。陆兆禧工作了 13 年，在阿里巴巴内部，经历了很多岗位，经历了很多磨难，应该讲，这 13 年眼泪和欢笑一样多。接马云这个位置是非常难的，我能走到今天，是大家的信任，因为信任，所以简单！

我相信，我也恳请所有的人像支持我一样，支持新的团队、支持陆兆禧，像信任我一样信任新团队、信任陆兆禧，谢谢大家！从明天开始，我将有我自己新的生活。我是幸运的，在我 48 岁时，我就可以离开我的工作。从明天开始，生活将是我的工作，欢迎陆兆禧！